Cric Crac!

Teaching and Learning French
Through Storytelling

MODERN LANGUAGES in PRACTICE

The Modern Languages in Practice Series provides publications on the theory and practice of modern foreign language teaching. The theoretical and practical discussions in the publications arise from, and are related to, research into the subject. *Practical* is defined as having pedagogic value. *Theoretical* is defined as illuminating and/or generating issues pertinent to the practical. Theory and practice are, however, understood as a continuum. The Series includes books at three distinct points along this continuum: (1) Limited discussions of language learning issues. These publications provide an outlet for coverage of actual classroom activities and exercises. (2) Aspects of both theory and practice combined in broadly equal amounts. This is the *core of the series*, and books may appear in the form of collections bringing together writers from different fields. (3) More theoretical books examining key research ideas directly relevant to the teaching of modern languages.

Series Editor
Michael Grenfell, *Centre for Language in Education, University of Southampton*

Editorial Board
Do Coyle, *School of Education, University of Nottingham*
Simon Green, *Trinity & All Saints College, Leeds*

Editorial Consultant
Christopher Brumfit, *Centre for Language in Education, University of Southampton*

Other Books in the Series
Effective Language Learning
    SUZANNE GRAHAM
The Elements of Foreign Language Teaching
    WALTER GRAUBERG
The Good Language Learner
    N. NAIMAN, M. FRÖHLICH, H. H. STERN and A. TODESCO
Inspiring Innovations in Language Teaching
    JUDITH HAMILTON
Le ou La? The Gender of French Nouns
    MARIE SURRIDGE
Target Language, Collaborative Learning and Autonomy
    ERNESTO MACARO
Validation in Language Testing
    A. CUMMING and R. BERWICK (eds)

Please contact us for the latest book information:
Multilingual Matters Ltd, Frankfurt Lodge, Clevedon Hall,
Victoria Road, Clevedon, BS21 7HH, UK

MODERN LANGUAGES IN PRACTICE 8
Series Editor: Michael Grenfell

Cric Crac!

Teaching and Learning French Through Storytelling

Roy Dunning

Illustrations by Celia Berridge

MULTILINGUAL MATTERS LTD
Clevedon • Philadelphia • Toronto • Adelaide • Johannesburg

Library of Congress Cataloging in Publication Data

Dunning, Roy
Cric Crac!: Teaching and Learning French through Storytelling/Roy Dunning
Illustrations by Celia Berridge
Includes bibliographical references
1. French language–Study and teaching–English speakers. 2. Storytelling. I. Title.
PC2066.D82   1997
448'.007–dc21   97-5031

British Library Cataloguing in Publication Data

A CIP catalogue record for this book is available from the British Library.

ISBN 1-85359-389-3 (hbk)
ISBN 1-85359-388-5 (pbk)

Multilingual Matters Ltd

UK: Frankfurt Lodge, Clevedon Hall, Victoria Road, Clevedon BS21 7HH.
USA: 1900 Frost Road, Suite 101, Bristol, PA 19007, USA.
Canada: OISE, 712 Gordon Baker Road, Toronto, Ontario, Canada M2H 3R7.
Australia: P.O. Box 6025, 95 Gilles Street, Adelaide, SA 5000, Australia.
South Africa: PO Box 1080, Northcliffe 2115, Johannesburg, South Africa.

Cover photo: Mike Dunstan during a storytelling session with students at Wey Valley
School, Weymouth,

Printed and bound in Great Britain by WBC Book Manufacturers Ltd.

Contents

Introduction vii

What *Cric Crac!* Contains 1

How to Use *Cric Crac!* 2

Il était une fois 4

Getting Started 10

Changing and Making Stories 13

Level 1 (Elementary)

    Teaching the Language 18

    Teaching and Telling the Story 28

    Stories, Picture Stories, Large Format Texts for Level 1 39

Level 2 (Intermediate)

    Teaching the Language 66

    Teaching and Telling the Story 73

    Stories, Picture Stories, Large Format Texts for Level 2 82

Level 3 (Advanced)

    Suggested Strategies 100

    Stories and Texts for Level 3 104

Where Can Storytelling Take Us? 122

Sources and Further Reading 125

Appendix 127

Introduction

This is a book about telling stories in French. It sets out some reasons for including stories in the French classroom and contains stories and ways of telling them so that students can learn how to tell stories in French.

The French *conte* is traditionally told in the past historic tense (... *ils se marièrent et eurent beacoup d'enfants*) or in the present tense (... *ils se marient et ont beaucoup d'enfants*). I have used the present tense to tell the stories in Level 1 which are accompanied by illustrations telling the stories as a way of introducing students to telling stories in French. I have used (mainly) the perfect tense as a vehicle for telling the stories of Levels 2 and 3 as this is the usual tense for narrating events in the past in everyday spoken French.

The following have kindly granted permission for copyright material to be reproduced: Editions Payot for *L'autostoppeur fantôme* from *Légendes urbaines* by Véronique Campion-Vincent and Jean-Bruno Renard (1992); *Le Provençal* (10 August 1987) for *Agriculteur le jour, cambrioleur la nuit* and *Fillette écrasée*; the Hamlyn Publishing Group Ltd for the map on page 119 from the Michelin Road Atlas of France (1987); and Hachette/Larousse for the strategies on page 100 from *Jeu, langage et créativité* by J.M. Caré and F. Debyser (1978).

I would like to thank the following for their help with this book: Bernadette Challinor for advising on the structure of the book; Christine Balandier and Roger Fontaine for overseeing the French text; Pam Haezewindt for advice on Information Technology; and the editor, Do Coyle, for her sympathetic professionalism.

What Cric Crac! Contains

Level 1 (Elementary: UK/KS3)

Five stories for students with 2/3 years language learning experience. The stories are written in the present tense for:

- oral telling by the teacher;
- reading by the students.

The stories are accompanied by support materials:

- some possible ways of introducing the stories and creating follow-up activities;
- a sequence of pictures telling the story which can be made into OHP transparencies and/or cut up for language sequencing activities;
- a large print format of the story for language sequencing and Cloze activities.

Level 2 (Intermediate: UK/KS4)

Five stories for students with 4/5 years language learning experience. They are written in a variety of tenses for:

- oral telling by the teacher:
- reading by the students.

The stories are accompanied by support materials:

- possible ways of introducing the stories and creating follow up activities;
- a large print format of the story for language sequencing and Cloze activities.

Level 3 (Advanced: UK/A-level)

Three stories and two newspaper texts for students with 6/7 years language learning experience. Suggestions are offered for using the stories and texts in class.

How to Use Cric Crac!

Levels 1 and 2 each begin with an example story which is used to illustrate some possible ways of teaching the stories they contain.

In Level 1 'A deux doigts ...' and in Level 2, 'La soupe au caillou' are broken down into their component sentences to be used as examples of possible ways of teaching students to understand and use the language of the stories and to tell stories themselves.

Level 3 begins with some suggested strategies for introducing the stories and texts at this level. If the students are not used telling to stories to each other, it might be advisable to begin with some modification of the strategies suggested for introducing Levels 1 or 2 before opening out into the more complex procedures suggested here. You may also find that the students would appreciate some of the stories from the earlier levels used as warm-up procedures for the stories and texts of Level 3. The various versions of *Boucles d'Or* could provide an enjoyable way in to the problems of the Modified Cloze questions on p. 102

Preparation

Before beginning to work on a story it will be helpful to read the introduction '*Il était une fois ...*' (p. 4) to familiarise yourself with the arguments for teaching stories in French.

If you wish to begin with some language activities which will make storytelling easier for your students, or if you need some simple ideas for moving from retelling stories to creating new ones, read **'Getting Started'** (p. 10).

To go beyond storytelling to other activities and other audiences, you may find it helpful to look at **'Where Can Storytelling Take Us?'** (p. 122).

Process

When you have decided which story to teach to which class, use the photocopiable materials (story, picture story and large format story) to make the OHT, reading and sequencing materials for your students.

If you choose to begin with the example story in either level, look at the 'Teaching the Language' suggestions' (Level 1, p. 18; Level 2, p. 66) and select the suggestions which seem to be the most useful for you and your students.

If you prefer to begin with another story:

- look carefully at its component sentences;
- compare them with the component sentences of the example story;
- see which of the teaching suggestions will be most appropriate.

The 'Teaching the Language' suggestions assume that you will be teaching the students to understand, say, read and write the vocabulary and the structures of the sentences which together can make up the story to be told.

The 'Teaching and Telling the Story' suggestions help with combining those sentences into the larger sequences of text on which storytelling depends.

Il était une fois ...

Cultures announce stories in their own traditional ways. French speakers hearing '*Il était une fois ...*' know as well as English speakers hearing 'Once upon a time ...' that what follows will be an event whose shape has been familiar since childhood. And, just as in English the teller can end 'And now my story's done!', so in French the teller can sign off with, '*Cric Crac! Mon conte est achevé*'.

Stories are everywhere. We tell each other stories about accidents experienced, seen or just avoided; what so-and-so said or did and what we said or did — or would have said or done — in response; we remind ourselves of important family happenings — births, deaths, weddings and funerals; we tell jokes and anecdotes, give potted histories of books read, plays, films and TV programmes seen; and enjoy listening to others telling their stories in our presence.

Stories are international, storytelling is universal. Not just in the sense that the French have their stories and the Eskimos have theirs, but in the deeper sense that national and ethnic boundaries are no more a barrier to the migration of stories, than they have been to the migration of peoples. Most of us know the story of Cinderella; it is less well known that (so far) more than 700 versions of the story have been collected around the world. As with Cinderella, so with others: what seems to be a French tale or an English story turns out to be another variation on a theme with a complex international history behind it.

In multi-ethnic Britain, with, for example, more than 170 languages of the world spoken in London schools, what a wealth of stories is there for the telling! And, if storytelling is a natural human activity, should children not learn to tell stories in a foreign language as well as in their own tongue? But if it is desirable, is it possible?

Narrative in Foreign Language Learning

Most teachers of foreign languages would probably agree that their students get little exposure to narrative. 'Narrative' as a term is often limited to written narrative texts and the students' exposure to narrative is often limited to their performance in some form of comprehension test, whether oral or written.

4

Narrative as an oral mode rarely appears in foreign language teaching even though it constitutes a powerful component of everyday speech. Narrative differs from other uses of language in that it uniquely presents a sequence of happenings to the same subject or subjects over time. As a form narrative can therefore be used to express, say, the growth of a plant or a project.

Stories are special kinds of narrative. They put people or animals in particular places at particular times and allow particular events to occur in a particular order for particular effects. Because stories have a definite structure, that structure can become a scaffolding for other similar or dissimilar stories: the story in which the princess is saved from the dragon and marries the prince can become the story in which the princess saves the prince and marries the dragon. The story in which one young person rescues another can become the story in which the student tells how s/he saved a favourite pet. Any story is part of a never-ending story.

In an educational context, stories have a double value: first as content, second as process. As content, stories present an aspect of the experience of human beings down the centuries and across families, communities and nations. They distil that experience and, by making it available for exchange, reflection and comment, spark off more stories. They play a vital role in the cultural life of families, communities and nations.

As process, stories provide structure — beginnings and endings, characters, choices, actions, outcomes, on the one hand, but also words, sentences, sequences, on the other. And stories can be reshaped so that they can be heard, told, read, drawn, acted or written. This double potential of text and process constitutes the richness on which we daily draw for inspiration and seek to extend in literature: a scaffolding for building narrative out of life's events.

Stories are about shaping the experiences people wish to record. In learning to tell stories, students can learn to shape their own experience in French just as they do in their own native language. The act of storytelling constitutes a powerful counterweight to those tendencies which seek to reduce communication to minimal exchanges in the Post Office or at the railway station.

Storytelling opens a perspective of integrating listening, speaking, reading and writing in language learning and language use. It enables students to act as listeners, readers, tellers and writers, focusing on the unique capacity of story to weave description, characterisation, dialogue and action into a single skein of meaning, having not only the capacity to inform but also the power to move.

Taking on Storytelling in Class

If you have no experience of telling stories in class and teaching your students to retell them or create their own, you may feel diffident about undertaking such a task. You need to know:

- how the students will learn the language needed to understand the stories;
- who the students will be telling their stories to:
- when to introduce a story into the syllabus;
- how long to spend on it;
- whether you will be able to remember the stories you are to tell;
- what activities might follow storytelling.

You may worry about your ability to hold on to a narrative over the time necessary to tell it. The presence of a picture story in Level 1 will of course help as an *aide mémoire*. It is, however, unlikely that any story can be told to a class in French without some preparation beforehand. That being so, the learning period for the class can also be part of the familiarising process for you. During this time, not only will the class become familiar with the vocabulary and structures of the story itself, you will become aware of what the class can handle. Listening to the class will give a clearer view of what you need to do to ensure that the students can understand and eventually retell the story. This learning is as important for you as is the preparation for the student.

The question of when to introduce a particular story is likely to be answered differently by different teachers. Some will notice that a story fits in well with other work in progress — work on food and menus might call to mind 'La soupe au caillou'. Others might choose to tell a story as part of some creative work with the class.

It is impossible to say with any precision how long storytelling takes. The best thing to do, is to try it and see! The activities suggested provide ample scope for choice.

It is important to see the different roles that storytelling imposes on students as tellers and listeners. In their usual pairwork activities (asking questions and giving answers, requesting, performing services in role-play etc.) they will probably be handling single sentences — rarely, stretches of text. And in those activities their attention is interactive: they are anticipating responses to respond to. In storytelling, as **listeners** they have to learn to listen attentively and encouragingly, offering help when it is needed; and as **tellers** they have to learn to talk to audiences of different size and status.

Storytelling by Students

It is important for the student to have a story to tell. This may sound as if the teller has to have the story by heart. Nothing could be further from the truth, or more harmful to telling stories. What is vital is for the teller to have a story to tell, to know how to tell it, and to know how to get the audience involved in wanting to tell it themselves.

For students to see themselves as storytellers, they have to be convinced by their own learning process that they can tell stories. That is to say, they need success in telling stories. All activities introduced by the teacher and undertaken by the learners should aim at building confidence in their ability to tell stories. This may seem impossible to prescribe, but it is largely a matter of providing audiences for storytellers to address. The culture of the French class has to change to accommodate students telling stories to each other, individually and in groups. Students have to learn to encourage, help and criticise positively in the way that they would like to be encouraged, helped and criticised. They can record or video performances; tell stories to other classes; exchange English-language stories for French-language stories with an exchange school in France.

Storytelling in French can only be successful if the students can engage with the stories as stories. If the stories are never more than just another lot of difficulties in a foreign language, they are unlikely to be attended to at all except with resentment. You can, however, take one thing for granted: your students **do** know about stories. They know that they have beginnings, middles and ends, for example. You, of course, have to do a lot of work before the story can emerge from the language which tells it.

Storytelling by the Teacher

The timing of the telling of the whole story will undoubtedly vary according to preference. You may prefer to tell the story first, see how much the students understand and then prepare a more comprehensive understanding to precede your retelling of the story and an eventual oral retelling by the students. Or you may prefer to build the story up bit by bit, telling it in sections. Again, you may wish to prepare the story before embarking on the telling and retelling by the students. This is a matter of choice and experience: there is no royal road!

If you prefer to start from the printed text seen by the students, you may think that there is no place for your telling of the story. On the contrary: whether they have read the story or not, the students need the stimulus of a story well told, if they are to tell stories themselves. At whatever point you tell the story, whether or not the students have had access to the written text, the telling should be as powerful and dramatic as possible.

Storytelling and the Four Skills

It must be emphasised that the storytelling which is the focus of this book brings together talking, reading and writing both in the process of learning and in use. There is no fixed procedure which prescribes that talking shall precede reading and writing; or proscribes, say, oral work from following reading and writing, or reading and writing from preceding oral activities. You will find your own ordering of the activities to achieve the best results for your classes.

There is no right way to present a new story in class. What works well with one class, may not work as well with another; what one teacher finds successful, another may fail with. There is no alternative to personal experience, preferably supported by discussion with students and other teachers.

Language Problems

You are likely to find both vocabulary and language structures in the stories that your students will not know and cannot therefore use.

The first point to make clear is that the stories presented here serve as **guides** to the story you tell: there is nothing fixed and forever about them; they can be changed as you wish. Any story that interests you but seems too full of language difficulties can be shortened or simplified, using vocabulary and structures known to the class. The printed text can then be used later for reading and the language problems dealt with as they arise. Those problems may be easier to deal with since the class will already have had experience of the story behind the text

Teacher Choices

The problem of dealing with new vocabulary and structures can be approached in a variety of ways. You need to decide whether:

- to teach the main vocabulary and structures before telling the story;
- to tell the story and to deal with the new vocabulary and structures as they arise;
- to tell the story and to deal with the new vocabulary and structures afterwards;
- to teach the new vocabulary and structures before distributing the text and reading it;
- to distribute the text and read the story, dealing with the new vocabulary and structures as problems arise;
- to distribute the text, read the story, dealing with the new vocabulary and structures afterwards.

Note

Although the stories of *Cric Crac!* are divided into three Levels, no rigid demarcation of texts or methodology is intended: the learning and re-telling of stories in the present tense can serve as a preparation for reading the stories in the past tense. Stories learned in the present tense can be revisited in more elaborated formats later. The OHP picture stories can be used to give a rapid sketch of the outline of the story: their use is not restricted to the introduction of the vocabulary needed to tell the story in the present tense. It is hoped that *Cric Crac!* will encourage teachers to show the flexibility they will seek to develop in their students by adapting the stories and suggestions to suit their own purposes.

Getting Started

If you would like to tell stories and get your students to tell stories themselves, but are not sure how to start, you might set up a joint discussion with the teachers of English in your school to establish the kinds of stories which interest students in different age-groups. Cooperation between departments might lead, for example, to the French teachers teaching a story already known to the students through their English lessons.

Some Preparatory Activities for the French Class

The never-ending sentence

Students are invited to create a sentence one word at a time. Say a student begins, *je*. The next adds, **suis**. Each word uttered has grammatical implications for what is to follow. The object of the exercise is to avoid finishing the sentence.

The cumulative sentence

You begin a sentence which the students are invited to repeat and to extend. For example: *Je vais aller au supermarché pour acheter des tomates*. A student repeats and extends: *Je vais aller au supermarché pour acheter des tomates et des pommes de terre*. And so on.

The activity can be controlled so as to generate different structures. Thus, the above example might be modified so as to produce only quantities of goods, e.g. *Je vais aller au supermarché pour acheter un kilo de tomates*. To be followed, for instance, by, *Je vais aller au supermarché pour acheter un kilo de tomates et deux kilos de pommes de terre*.

The chaingang sentence

You begin with a sentence which the students are invited to add to. The sentence chosen can reflect what the students have most recently been learning, e.g.

Teacher: *Eric Cantona est footballeur.*

A student might add: *Il est français.*

Another student might add: *Il porte le maillot rouge.*

And so on.

As students become proficient at this they can be asked to repeat what has been said before adding their own comment. (More examples of chaingang sentences are given on p. 124). The activity can be reversed in the form of a guessing game:

Je pense à quelqu'un. Il est français. Il porte le maillot rouge. C'est qui? Etc.

Autobiographies

Each student prepares a short autobiography (e.g. *Je m'appelle... J'ai 12 ans. J'ai une soeur.* etc.).

- In pairs students tell their autobiographies in the **first** person to their partner.
- In different pairs students tell in the **third** person the biographies just heard to their partner.

The activity can be made more demanding by increasing the amount of the information handled and the number of exchanges.

'Good news/bad news' sentences

In this a neutral sentence spoken by the teacher is followed by the **good news** and the **bad news** from two students, speaking one sentence each, e.g.:

Teacher: *Il pleut*

First student: **Heureusement**, *j'ai mon imper*

Second student: **Malheureusement**, *il est plein de trous*

Cinq réponses à cinq questions

The five questions are: **Qui? Quoi? Comment? Quand? Où?** The students write their answers on slips of paper, folding their slip over after completing it and then pass it on:

Qui?	a name/noun
Quoi?	an action/verb (+ object)
Comment?	qualifies the above action
Quand?	a time for the action
Où?	the place of the action.

The game of consequences is also a possibility here.

Story mart

The students are in pairs. Each tells a story to their partner. When all the stories are complete, the pairs are reformed and each student retells the story s/he has just heard to his/her new partner. When the second telling has been completed, the pairs are reformed again and each student retells the story s/he has just heard to his/her new partner. Six students: A, B, C, D, E, F; six stories: a, b, c, d, e, f:

First round:　　A tells a to B; B tells b to A
　　　　　　　　C tells c to D; D tells d to C
　　　　　　　　E tells e to F; F tells f to E
Second round:　A tells b to F; F tells e to A
　　　　　　　　B tells a to D; D tells c to B
　　　　　　　　E tells f to C; C tells d to E
And so on.

Suitable story material could include personal details (an easy beginning), anecdotes, cartoons, news items, etc.

Brainstorming

As a means of opening up the activity of storytelling in class, a brainstorming session (conducted in French by you and responded to by the students as best they can in English or French) could encourage an interest in stories as such. Your questions could focus on the following:

- What stories do the students know?
- What stories had they heard/read at home/in the primary school/in the secondary school?
- What stories did their parents know? Where had they heard/read them?
- What stories do/did they like/not like?
- Do they know old stories in contemporary versions?
- What happens in stories? How do they begin/end?
- What/who are the heroes/heroines?
- What/who are their opponents?
- Where do the heroes/heroines/opponents live?
- Where/when do they meet?
- What happens? And so on.

Responses could be tabulated on the board or OHP.

Changing and Making Stories

Many contemporary writers take traditional tales and modify them in amusing ways. The structure of the traditional tale can be retained in a story involving different personae, places, events and/or outcomes. The structure can be used:

- to recreate novel versions of the old tale; or,
- to elicit novel versions from the class by means of questions.

The technique consists in summarising the original story in terms of its salient features e.g. the name and rank of the hero, the place and time of the action, etc. These features are then replaced by others to make an old story more modern or to provide a different ending from the traditional one. As part of the process of enabling learners to make their own stories, the procedure can be adapted for all the stories in this book.

The well-known story of *Goldilocks and the Three Bears* is used below to illustrate how stories can be changed:

Stage 1: The original story.

Stage 2: The first change.

Stage 3: The second change.

Stage 4: The open-ended story.

The possible changes are presented below in a synoptic form in four columns (with question marks representing the features to be created in the open-ended version) followed by some prompts for the teacher in note form. The original story and the first and second changes are expressed as a list of the features we would expect to find in *Goldilocks*. Using this framework you could:

- tell the story of *Goldilocks and the Three Bears* and later tell and have the story retold with the features listed under **the first or second change**; or,
- tell a story using the features listed under the **first or second change**, check that the students recognised the original and have either story retold by the class;
- construct the more **open-ended** version using the students' grasp of the form to respond appropriately to questions to elicit a content.

Synopsis: Boucles d'Or

Original story	First change	Second change	Open-ended
Boucles d'Or (B) 3 ours	Souris (S) 3 chats	Cassepieds (C) 3 gorilles	?
maison, cuisine	maison, cuisine	maison, cuisine	?
3 bols de soupe (grand, moyen, petit)	3 bols (thé, café, lait) (grand, moyen, petit)	3 bols de café (grand, moyen, petit)	?
B entre, essaie, mange	S entre, essaie, boit	C entre, essaie, boit, casse	?
3 chaises (grande, moyenne, petite) B essaie, casse	3 assiettes (poisson) (grand, moyen, petit) S essaie, mange, casse	3 assiettes (steack) (grand, moyen, petit) C essaie, mange, casse	?
chambre 3 lits (grand, moyen, petit)	chambre 3 corbeilles (grande, moyenne, petite)	chambre 3 lits (grand, moyen, petit)	?
B monte	S monte	C monte	?
B essaie, s'endort	S essaie, s'endort	C essaie, salit, s'endort	?
3 ours reviennent, remarquent: soupe goûtée, mangée, chaise cassée	3 chats reviennent, remarquent: bol vide, poisson mangé, assiette cassée	3 gorilles reviennent, remarquent: bol vide, cassé, assiette vide, cassée	?
3 ours montent, regardent lits, remarquent B B se réveille, se sauve	3 chats montent, regardent corbeilles, remarquent S dévorent S/ou: S se sauve	3 gorilles montent regardent lits, remarquent C Gorilles sautent sur C lit se casse C saute par fenêtre, se casse jambe/cou	?

First and Second Change Prompts

First Change Prompts	Second Change Prompts
Souris entre dans cuisine vide. Sur le plancher 3 bols (grand, moyen, petit); (thé, café glacé, lait). Essaie/rejette thé (trop chaud), café glacé (trop froid), boit lait (juste comme il faut). Sur le plancher 3 assiettes (poisson). Essaie/rejette premier poisson (trop grand), deuxième poisson (trop petit), mange troisième poisson (juste comme il faut). Assiette se casse. Monte dans chambre. Sur 3 chaises, 3 corbeilles. Essaie/rejette, première (trop dure), deuxième (trop molle), s'endort dans troisième (juste comme il faut). 3 chats reviennent, remarquent bol vide; assiette vide, cassée. 'Qui a goûté à ...?' '... et l'a tout bu?' 'Qui a goûté/touché à ...?' 'Et l'a tout mangé?' '... et l'a toute cassée?' 3 chats montent dans chambre, regardent corbeilles: remarquent souris. 'Qui est monté dans ma corbeille?' '... et y dort toujours?' Chats sautent sur souris: (1) chats dévorent souris (2) souris se sauve par fenêtre.	Cassepieds entre par fenêtre. 3 bols de café sur table (grand, moyen, petit). Essaie, rejette premier (trop fort), deuxième (trop doux); boit troisième (juste comme il faut). Saute sur bol, casse. 3 assiettes sur table (steack: grand, moyen, petit). Essaie, rejette premier (trop saignant), deuxième (trop cuit); mange troisième (juste comme il faut). Saute sur assiette, casse C monte dans chambre. 3 lits (grand/moyen/petit). Essaie, rejette premier (trop dur), deuxième (trop doux), salit lits (chaussures); s'endort sur troisième (juste comme il faut) Gorilles reviennent, remarquent: bol vide, cassé; assiette vide, cassée, font la scène: 'Qui a goûté à ... ?/touché à ...'. et l'a tout bu!' Gorilles montent, regardent lits salis, remarquent C, refont la scène: 'Qui est monté sur/a sali.?' '... et qui y dort toujours!' Gorilles sautent sur C, lit se casse, C saute par fenêtre, se casse jambe/cou.

Third Change Prompts

The telling of the story is a mixture of telling and asking by the teacher. You decide how much to tell and how much to ask for from the class. In this way some linguistic differentiation can be introduced for classes of different abilities.

Teacher says:	Asks:	Students suggest, for example:
Un jour une personne se promène …	*C'est qui?*	'prince'
Alors, un jour un prince se promène …	*C'est où?*	'dans un bois'
Un jour un prince se promène dans un bois quand il voit …	*Il voit quoi?*	'caverne'
Le prince s'approche de la caverne et entre. Dans la caverne il y a une table et sur la table il y a trois …	*Il y a trois quoi?*	'bateaux'
Alors, il y a trois bateaux, un grand bateau, un bateau moyen et un petit bateau. Dans/sur les bateaux il y a trois …	*Il y a trois quoi?*	'bouteilles'
Alors, il y a trois bouteilles, une grande bouteille, une bouteille moyenne et une petite bouteille. Dans la grande bouteille il y a …	*Il y a quoi?* And so on.	

If you wish to stay within the confines of the *Goldilocks* framework, you may have to refuse suggestions which will not fit the structure!

Level 1 (Elementary)

Teaching the Language

Teaching and Telling the Story

Stories

- *A deux doigts de ...*
- *L'oranger magique*
- *Le cochon de lait*
- *Le bras poilu*
- *Le cercueil sur le car*

NB. Although the stories of Level 1 may appear more accessible to younger students and those of Level 2 to older students, the divisions are not intended to be hard and fast. Teachers will adjust the stories to the class they wish to tell them to.

Teaching the Language

In the activities which follow, the suggestions are accompanied by an indication of the language forms you are trying to teach the students to understand and produce. For the sake of convenience, the suggestions for what you might say and do are headed **Teacher** and what you intend the students to learn to do, say, draw or write are headed **Class**. The layout of these examples on the printed page may give the false impression that they are intended to represent a scripted dialogue between you and the students. The examples shown here take the form of an idealised content **only to make the teaching/learning principle clear**. There is nothing easy or automatic about the process: in the real classroom teaching and learning take place in an ongoing negotiation over time which cannot be adequately expressed in a book.

The principles underlying the suggestions made for the teaching of *A deux doigts de* ... are equally applicable to the stories for which a picture version has been provided (*L'oranger magique, Le cochon de lait, Le bras poilu* and *Le cercueil sur le car*). You are therefore asked to read the following suggestions with this in mind.

The activities below focus on building up the students' understanding and production of the components of the sentences telling the stories. They are indicated under the modes involved under the following icons:

Speaking and Listening

Drawing

Reading

Writing

Where more than one mode can be used, this is indicated by the use of more than one icon.

Photocopy *A deux doigts de* ... and the **picture story** to act as points of reference to the suggestions printed below.

Speaking & Listening

Presenting/revising vocabulary meanings

Using the OHP pictures to **identify items of vocabulary and describe actions**:

> *Voici une femme. Elle fait ses courses en ville. La voilà dans **une boucherie**. Ici, elle met **ses sacs de provisions** dans la voiture et rentre chez elle.*

Miming actions:

> *(le doberman) **se tord** (de douleur)*
> *la femme **laisse tomber** ses sacs de provisions*
> *elle **décroche***
> ***en poussant** devant eux*
> *il **serre** son poignet*

Using language within the students' experience to **explain or define meanings**:

> *elle **fait ses courses** = elle va dans les magasins pour acheter, par exemple, du pain, de la viande etc.*
> *elle **gare** sa voiture = elle met sa voiture dans le garage / sur le parking devant la maison*
> *elle **se précipite** = elle va très vite*
> ***se réfugier** (chez la voisine) = elle est en danger: il faut aller chez la voisine*
> *il **serre son poignet** = tient son poignet (dans sa main) et presse.*

Checking understanding

You can check that the students have associated the pictures with the French that expresses their content by asking them to identify the pictures from the description you give in spoken French. If you regard your direction of the class as a model for the students to follow, you can encourage them to take over the questioning/directing role. If students have had the opportunity to direct the work of the whole class, the experience can be used to introduce both group and pairwork.

Teacher:	**Class:**
Pointing to one OHP picture:	
Dans cette image, montrez-moi le magasin / les provisions etc.	Identify as appropriate.
Pointing to a sequence of OHP pictures:	
Montrez-moi l'image où la femme est dans la boucherie / met ses sacs de provisions dans la voiture, etc.	Identify as appropriate

Questions and Answers

Constructing sentences

In order to help the class put sentences together, you can put your questions in such a way as to focus on the different elements required.

Questions expecting **short or single word answers**:

Teacher:	**Class:**
Pointing to picture:	
C'est qui?	*La femme*
C'est quoi?	*Un sac*
C'est où?	*Dans une boucherie*

Questions offering **alternatives** for selection where students have difficulty in responding appropriately (NB. The alternatives should be realistic):

Teacher:	**Class:**
C'est un sac ou une serviette?	*Un sac*
C'est une boucherie ou une boulangerie?	*Une boucherie*

Questions expecting **prepositions** in the answer:

Teacher:	**Class:**
Où se trouve le chien?	*Derrière la porte / dans le vestibule*
Où est-ce qu'elle met le chien?	*Dans la voiture*
Où est-ce qu'elle s'en va?	*Chez le vétérinaire*

Questions expecting **actions** in the answers:

Teacher:	**Class:**
(pointing to pictures)	
Que fait la femme dans cette image?	*Elle fait ses courses*
Et ici?	*Elle met ses provisions dans la voiture*
Que fait la femme de ses provisions?	*Elle les met dans la voiture*
Que fait la femme de son chien?	*Elle le met dans la voiture*
Décrivez cette image.	*La femme rentre chez elle*

Drawing

Drawing by the students is a useful way of **linking images to spoken or written French**. The drawings can be of objects, scenes or actions. The activity requires some work on drawing beforehand, familiarising the students with the vocabulary of instruction — *carré, dessiner, en haut, en bas, à droite/gauche,* etc.

As a class activity, one student can draw on the OHP (with the lamp off) or board, the remainder of the class draw at their desks/tables:

Teacher: **Class:**

To one student at the OHP/board:

Tu fais un carré	Draws as instructed.
Au milieu du carré, tu dessines la porte d'entrée et le vestibule	As the drawing proceeds, the class can be asked if the drawing is correct.
Derrière la porte tu dessines un chien	

Displaying the drawing:

Ça, c'est quoi?	*C'est la porte d'entrée*
Bien, et ça?	*C'est le vestibule*
Et ça, c'est quoi?	*C'est le chien*

To the class:

Dessinez la porte d'entrée de la maison, le vestibule et le chien etc.	Class draws as instructed.

Whilst the class drawing is proceeding, one student can be asked to draw on the OHP/board to provide a reference point for question and answer.

The drawing activity can be developed so as to involve the class in giving instructions, thus:

Student in charge: **Class:**

To one student at the OHP/board:

Tu fais un carré. Au milieu du carré, tu dessines la porte d'entrée, le vestibule et le chien	Draws as instructed.

Student in charge: **Class:**

To the whole class:

> *Dessinez la porte d'entrée, le*   Class draws as instructed
> *vestibule et le chien. Dessinez la*
> *femme qui regarde le chien*

Provided that enough students have had experience of directing the class from the front, the drawing activity can also be carried out in groups.

 Miming

Students can be asked to **mime** an action from one of the pictures or from a short sequence. You can then ask questions.

Teacher: **Class:**

Gives instruction to one student
in front of the class:

> *Tu es la femme. Tu fais tes*   Mimes as instructed.
> *courses dans la boucherie.*

Asks the class:

> *C'est qui?*   *C'est la femme*
>
> *Où est-elle?*   *Dans la boucherie*
>
> *Que fait-elle?*   *Elle fait ses courses*

This can be developed into student-directed miming: A volunteer mimes, say, the woman putting her shopping in the car:

Volunteer in charge: **Class:**

Asks the class:

> *Je suis qui?*   *Tu es la femme*
>
> *Je suis où?*   *Tu es près de la voiture*
>
> *Je fais quoi?*   *Tu mets tes provisions dans la voiture* etc.

Provided that enough students have experienced the miming and questioning role, this activity can also be carried out in groups in a cooperative class.

Guessing

Teacher: **Class:**

Says:

Je pense à quelqu'un qui fait ses courses. C'est qui?	*C'est la femme*
Je pense à quelque chose qui contient des provisions. C'est quoi?	*C'est un sac*
Je pense à un magasin où on achète de la viande. C'est quoi?	*C'est une boucherie*

You can begin this activity with a view to its being continued by the class in groups or in pairs.

Reading

At sentence level reading activities can be used to help **consolidate the structured learning of the language** needed to retell the story. For example, one student draws a picture of the woman shopping in the butcher's and you ask *'Qu'est-ce qui se passe ici?'* to which another student replies, *'La femme fait ses courses.'* A third student can be asked to write the appropriate caption under the drawing and a fourth can be asked to read the caption aloud.

The movement between the different modes can help the students:

- realise that the same essential meanings can often be expressed in drawing, in writing or in speech;
- remember the meaning and structure together as a unit.

Reading and Writing

At **sentence level** reading and discussing sentences on the blackboard/OHP can help to consolidate the structures which carry the meanings.

Talking about structure

Teacher: **Class:**

Writes on board/OHP

La femme fait ces course	Find correct forms
La femme fais ses course	
La femme rentre chez lui	

Evaluation

In this activity you ask the students to consider the **possibility/impossibility, truth/falsehood** of certain propositions. You write each sentence, one at a time, on the OHP/board asking:

C'est possible? impossible? vrai? faux?

> *La femme fait ses courses*

> *La femme vend de la viande*

> *La femme rentre chez elle à pied* etc.

The students respond appropriately. They can be invited to contribute their own propositions. You can also **present these sentences as part of a grid to be completed**:

La femme fait ses courses	*Possible? Impossible? Vrai? Faux?*
La femme vend de la viande	*Possible? Impossible? Vrai? Faux?*
La femme rentre chez elle à pied.	*Possible? Impossible? Vrai? Faux?*

Students can be asked to **reflect on the word order in sentences**. You write sentences on the OHP/board in a transposed order, and the students reconstruct the sentences, e.g.:

> *Elle ses fait courses*

> *Elle met sa voiture dans ses provisions*

The **function of pronouns, nouns, adverbs or conjunctions can be highlighted**. You write the sentences on the OHP/board with the function word underlined:

> Pronouns: ***elle** fait ses courses en ville / puis **elle** rentre chez elle*

> Nouns: ***la femme** fait ses courses en ville / puis **la femme** rentre chez elle*

> Adverbs: ***puis** elle rentre chez elle / la femme fait ses courses en ville*

> Conjunctions: *elle rentre chez elle / **et** reprend la voiture; elle ouvre la porte / **lorsqu'elle** trouve son chien*

Students discuss the sentences and rewrite appropriately.

Reading

Sentences can be printed and **cut up into segments for reordering**. The segments can be cut so as to require the class to appreciate:

Subject/verb concord:

> *La femme / fait ses courses*
>
> *... deux agents / se précipitent dans la maison*

Word order:

> *fait femme la courses ses* etc.

Matching OHP Pictures

In this activity students are asked to match one picture with, say, three possible captions:

Picture:	**Possible captions:**
Woman putting her shopping in the car.	*La femme fait ses courses*
	La femme rentre à la maison
	La femme met ses provisions dans la voiture

The students make an appropriate selection. Alternatively, one caption can be matched with, say, three possible pictures.

Writing

Activities at sentence level are directed at improving control over the elements of which the sentence structures are composed. Essentially, they link those meanings which can be expressed in speech, drawing or writing more or less without loss. Consequently, they should parallel oral activities already practised.

The oral questions suggested in the Speaking and Listening activities (see p. 20) can also be written down in dictation and responded to in writing. Some can be printed out and distributed for completion by the students. The practice of following oral questions with the same questions in writing is very helpful in consolidating learning.

Writing

Using OHP pictures

Teacher:	Class:
Pointing to picture, asks:	
C'est qui? or *C'est quoi?* or *Où est la femme ?* or *Que fait la femme dans cette image?* etc.	**Stage 1:** respond orally. **Stage 2:** write down oral question and answer. **Stage 3:** write down answers only to questions asked.

Teacher:	Class:
Writes on the OHP/board or prepares written questions:	

Que fait la femme dans la première image?
   Où se trouve le chien? or
   Que fait la femme en voyant son chien dans le vestibule?
	Respond appropriately

 # *Spelling*

The **oral spelling of words and structures** can be followed by writing on the board/OHP:

Teacher:	Class:
To one student:	
Epèle: le vestibule / ses provisions etc.	Spells orally.
Ecris: le vestibule / ses provisions etc.	Writes on board/OHP

The writing/speaking/listening/spelling sequence can also be linked to drawing. Either the words can be written under the drawings already on the board/OHP; or the drawings can be made afterwards above the written words:

Teacher:	Class:
To student at OHP/board	
Dessine le vestibule	Draws
C'est quoi?	Says: *C'est le vestibule*
Ecris: le vestibule	Writes: *le vestibule*
Lis ça	Reads aloud
Efface le dessin	Rubs out drawing
Maintenant, dessine le vestibule	Draws as instructed

Dictation

The conventional technique can be used to help increase **control over spellings**. It can also be adapted:

To encourage the **prediction of meanings**:

Teacher:	**Class:**
Ecrivez: Elle fait ses ... BLANK?	Write: *Elle fait ses courses*

To draw attention to **sentence structure**:

Teacher:	**Class:**
Ecrivez: Elle rentre BLANK *la maison*	Write: *Elle rentre ... à la maison*
il lui dit BLANK *sortir immédiatement*	Write: *... il lui dit **de** sortir immédiatement*

 ## *Questions and Answers*

Once the vocabulary and structures have become available to the class as understood meanings and practised spellings, their use in writing can be exercised following their use in speech. The oral questions to the class can be followed by the same questions in writing:

Teacher: **Class:**

Oral or written questions
referring to pictures:

C'est qui?

Stage 1: Write down oral questions and attempt written answers.

Que fait la femme dans cette image? etc.

Stage 2: Read written questions and attempt written answers.

Oral or written questions
without pictures:

Que fait la femme en ville?   *Elle fait ses courses*

Qu'est-ce qu'elle fait de ses provisions? etc.   *Elle les met dans la voiture*

Teaching and Telling the Story

This section offers ways of combining sentences into the larger sequences of text on which storytelling depends. In deciding how you will teach the story, you might find it helpful:

- to divide the story into a sequence of smaller units;
- to precede the telling of each part of the story with help with its language problems (see '**Teaching the Language**', p. 18 *et seq*.).

If you do this, the class can be invited at the end of each section of the story to anticipate what happens next. More able groups may be able to make their predictions in French. Even if they cannot use French to make their guesses about what happens next, the activity may still stimulate their interest in the way the story develops and thus assist their learning.

From the outset every attempt should be made to consolidate the learning of the language of the text — not just the new vocabulary and structures — in talking, reading and writing.

This integration should take place both at the level of the individual vocabulary/structural items and at the higher levels of sentence, paragraph and beyond. That is to say, that **the class should learn to understand, say, read and write**:

- **the language items of which the sentences of the story are composed;**
- **ways of combining the sentences which make up the story.**

The class should become accustomed to moving backwards and forwards between **hearing, spelling, speaking, drawing, reading and writing**, with the teacher asking such questions and giving such instructions as:

Ça veut dire quoi? Comment ça s'écrit? Ecris-moi ça au tableau. Lis-moi ça. Tu peux dessiner ça au tableau? etc.

Suggestions

The following suggestions assume that the class is familiar with the principal elements needed at **sentence level** for the story to be heard with understanding and then retold. The focus here is on **understanding and creating meaning at the level of the story**, that is to say, of the language which combines the sentences of which the story is composed. Teachers should select those activities which interest them, bearing in mind the need to preserve the integration of speaking, listening, reading and writing on which learning depends.

 ## *Speaking and Listening*

Recalling the content of OHP pictures

You place a blank grid on the OHP. You have a pile of, say, nine pictures cut up, in random order:

Teacher:	**Class:**
Selects a picture, asks:	Respond:
Qu'est-ce qui se passe dans cette image?	*La femme fait ses courses en ville*

Places picture anywhere on grid. Selects another picture, repeats:

Qu'est-ce qui se passe dans cette image?	*La femme met ses provisions dans la voiture*

Places picture anywhere on the grid. Continues until all the pictures have been identified and placed on the grid out of sequence.

Teacher:	**Class:**
Asks:	
Quelle est la première image de l'histoire?	*La femme fait ses courses en ville.*
Cherche la première image.	Student does so.

Interchanges the first picture on the grid and the first picture of the story.

Teacher:	**Class:**
Asks:	
Quelle est la deuxième image?	*La femme met ses provisions dans la voiture*

Changes over the positions of the second picture on the grid and the second picture of the story. The activity continues until all the pictures have been identified and are in the correct sequence. Once the correct sequence of pictures has been established on the OHP, the class can be asked to tell the whole story.

Sequencing/prediction

You divide the OHP picture story into short sequences. You place, say, three pictures on the OHP with the last one covered.

Teacher: **Class:**
Pointing to an uncovered picture:

    Qu'est-ce qui se passe dans cette   *La femme fait ses courses*
    image?

Pointing to a second uncovered picture:

    Et dans celle-ci?   *Elle met ses provisions dans la voiture*

Pointing to the third covered picture:

    Et dans cette image?   *Elle rentre chez elle*

Continue with the remainder of the story in the same way, until the whole story has been covered in sections. Repeat the procedure with longer sequences, covering pictures at various points in the sequence, increasing the number of covered pictures each time, until all are covered.

Teacher: **Class:**
Pointing to the first covered picture:

    Qu'est-ce qui se passe dans cette   Say sentences for each picture covering the
    image? Et dans celle-ci? etc.   whole sequence

Pairwork

The focus in this activity is on **putting pictures into their correct sequence orally**. The students are in pairs. Each pair has:

- an empty grid of four spaces
- a pile of four pictures face down in random order in front of them.

One partner selects a picture, turns it over and says the appropriate caption e.g. '*La femme fait ses courses en ville*'. S/he places the picture on the appropriate square of the blank grid. The other partner selects the next picture from pile, turns it over, says the appropriate caption, say, '*Elle rentre chez elle*' and puts it on the appropriate square of the grid. The activity continues until all the pictures are in place. The correct sequence can be checked by reference to the OHP at the end of the activity. As the students become more proficient, the number of pictures and the size of the grid can be increased. The checking of the sequence that the ordering corresponds to the correct one as shown by the OHP can become a class oral activity when the pairwork has been completed e.g.:

Teacher:	**Class:**

Asks:

> *Quelle est la première image de l'histoire?*
>
> *La femme fait ses courses en ville*

Places picture in first place on the grid:

> *Vous l'avez juste?* etc.

Groupwork

In this activity the focus is on **putting pictures into their correct sequence orally**. You duplicate a **sequence** of 12 pictures. Put together **two** such sequences (i.e. 24 pictures) in random order. Prepare a blank grid of 12 squares on an A4 sheet.

- The class is divided into groups of four (two pairs: A+B, C+D).
- The pairs face each other.
- Each pair (A/B, C/D) has a blank grid of 12 squares on an A4 sheet.
- Each group of four (A/B, C/D) receives 24 single pictures in two piles in random order (i.e. 12 pictures in each pile).
- Each pair therefore receives a pile of 12 single pictures in random order.

The random ordering of the pictures should ensure that:

- neither pair has a complete sequence of pictures;
- each pair has some pictures in duplicate.

Each pair works as in the previous pairwork activity, one partner turning over the picture and saying the caption, the other placing the picture in its appropriate place on the grid before picking up the next and repeating the sequence. In the course of the activity, each pair will discover:

- blanks they cannot fill;
- duplicate pictures.

When each pair has completed their sequence in so far as they can, they negotiate with the opposite pair for the missing pictures. **You will have to anticipate the new language required or provide it as the need arises**. An exchange between pairs might go like this:

> A/B: *Est-ce que vous avez l'image où la femme fait ses courses en ville?*
> C/D: *Oui. Et est-ce que vous avez l'image où les agents arrivent?*
> A/B: *Oui. On échange?*
> C/D: *D'accord*

They exchange to complete their sequence. NB. Such an activity requires a great deal of class practice and teacher involvement to enable it to succeed.

Chaining and Chunking

Chaining (single sentences)

The focus is on encouraging the students to **produce sentences which tell the story in the correct sequence**. You invite the students to produce single sentences in sequence.

Teacher: **Class:**

Says:

    La femme fait ses courses en ville

(Naming student:)

    Continue!   *Elle met ses provisions dans la voiture*

(Naming another student:)

    Continue!

And so on …

Chunking (sentences in sequence)

You invite a student to produce several sentences before handing over to another student. Provided that you act as a model for the class to follow, the above activities can be directed by students as class, group or pairwork. As the procedures are quite complex, it would be advisable to practise with the whole class first.

Miming

You can use miming to help students produce several sentences in sequence by asking them to mime a sequence of actions:

Teacher: **Class:**

To a student in front of the class:

Says:

    Tu es la femme. Tu fais tes   Pupil mimes action.
    courses

Asks class:

    Que fait la femme?   *Elle fait ses courses*

Says:

    Tu fais tes courses, puis tu mets   Pupil mimes action.
    tes provisions dans la voiture

Asks class:

    Alors, que fait la femme?   *Elle fait ses courses, puis elle met ses*
                                          provisions dans la voiture

And so on, increasing the length of the sequence to be mimed.

Combining Clauses and Sentences

Expecting **single actions** (without pictures):

Teacher:	**Class:**
Says:	

*La femme est en ville. Que fait-elle (**d'abord**)?* *Elle fait ses courses*

*Et, **après**?* *Elle met ses provisions dans la voiture*

***Ensuite**?* *Elle rentre chez elle ...*

Expecting **actions in sequence** (without pictures):

Teacher:	**Class:**
Says:	

Alors, pour résumer, que fait la femme? *(**D'abord**) Elle fait ses courses en ville, (**après**) elle met ses provisions dans la voiture, (**ensuite**) elle rentre chez elle*

Speaking and Listening

Teacher telling the story

The timing of the telling of the whole story will undoubtedly vary from teacher to teacher. You may prefer to tell the story first, see how much the class understands and then prepare a more comprehensive understanding to precede an eventual oral retelling by the students. Or you may wish to build the story up bit by bit, telling it in sections. Again, you may want to prepare the story before embarking on the telling and retelling by the class. This is a matter of choice; there is no right way.

If you have preferred to start off from the printed text seen by the students, you may think that there is no place for your telling of the story. On the contrary: whether they have read the story or not, the students need the stimulus of a story well told, if they are to tell stories themselves.

Class retelling the story

The oral retelling of the whole story by individual students to the rest of the class can be prepared for by pair and group work.

- In pairs, the partners would listen to each other and encourage a fluent performance.
- In groups, they could evaluate their own performances by reference to criteria agreed for the whole class performance.

It is important that those who perform before the whole class should be aware of the criteria by which their peers will judge their performance. These criteria should be discussed in advance.

The timing of the oral retelling — whether it occurs, say, before or after the writing — is entirely a matter of choice and experience.

In any oral work you should clearly distinguish between those occasions when the focus is on:

- **construction and repair** (i.e. when it is legitimate and useful for you to intervene and help);
- **performance** (i.e. when it is important for you to be an interested but non-intervening listener)

Reading

The purposes of reading activities at story level are to help the class grasp the structure of the whole text. The focus is therefore on activities which direct attention to the devices linking sequences of text, both within and between sentences.

Reading Aloud

Reading aloud by the class should be preceded by a reading by the teacher/French assistant. It can be done as a class, in small groups or in pairs. The focus should be on fluent, accurate renderings of texts of increasing length.

Reading Cut-up Text

Sentences can be cut up into words or word groups. The whole story can be cut up into paragraphs and smaller units for reordering by the class. The segments can be cut so as to require the students to appreciate the way the story is constructed (e.g. beginning, middle and end; sequence of events). Tasks can be varied to suit the ability level of the class. Sentences or sequences of sentences can be distributed to pairs or groups in random order for the students to put back in sequence.

Reading

Groupwork/pairwork

Putting single sentences in order. In a group of four (A+B+C+D) each student has one sentence from a total sequence of four. Students read aloud their sentences in turn and decide orally on the correct order (1, 2, 3, 4) before arranging their sentences on the table in the correct order for checking. The activity can be varied by increasing the number of sentences for each student. In a pair each student has two sentences to read.

Putting larger stretches of text in order. A group of four students/a pair of students share one text. Texts of different lengths can be printed, with an increasing number of sentences out of sequence. Care is needed to ensure that significant markers are included in the sentences printed out of sequence, e.g.:

- words used to signal time relations, clause coordination and subordination — *puis, au moment où, et, parce que,* etc.;
- pronouns referring to nouns previously mentioned — *il / elle, celui*-ci etc.

NB. All the above activities should be preceded by a class oral activity introducing them.

Dictionary Skills

Students should be taught to use dictionaries, preferably, monolingual (e.g. *Dictionnaire fondamental de la langue française*; Harrap, 1958); otherwise a good bilingual dictionary (e.g. *Collins Robert*) should be made available.

The Whole Story

It may be useful to present the class with a copy of the whole story before they write their version. The story can be read aloud to them and, perhaps:

- particular spellings rehearsed;
- linking words highlighted;
- alternative words and expressions called for.

Writing

Here the focus is on introducing those structural elements which help to link sentences in meaningful sequences. These should be presented orally and made available in their written form. Such forms as: pronouns, conjunctions, demonstratives, adverbs and adverb phrases, such as: *il / elle, avant / après, puis, en voyant, quand il voit …, parce que …* etc.

Writing

Some of the language forms mentioned above are accessible by means of question and answer techniques, with the learning activity moving from talking and listening to reading and writing:

Teacher:
Stage 1: Asks questions.
Stage 2: Asks/writes questions.
  e.g.: *Que fait **la femme** dans cette image?*
  ***Quand** est-ce que la femme trouve son chien?*
And so on.

Class:
Respond orally.
Respond in writing.
***Elle** met ses provisions dans la voiture*

***Lorsqu'elle** ouvre la porte d'entrée*

Dictation

Dictation can be used to help with structuring problems (e.g. words or phrases needed for linking sentences in sequences):

    ***Après**, elle met ses provisions dans la voiture ... **puis**, elle rentre chez elle ...*

Combining Clauses and Sentences

The focus in this activity is on the **linking procedures available in French**: use of pronouns, adverbs, conjunctions etc. The clauses and sentences to be combined should be written on the OHP/board and discussed orally before the students attempt their combination in writing.

Nouns to pronouns (where appropriate)

    ***La femme** fait ses courses en ville. **La femme** met ses provisions dans la voiture.*

Pronouns to nouns (where appropriate)

    ***Elle** fait ses courses en ville. **Elle** met ses provisions dans la voiture.*

Adverbs

    *La femme fait ses courses. Elle met ses provisions dans la voiture + **puis**.*

Conjunctions

    *Elle ouvre la porte. Elle trouve son chien + **lorsque/lorsqu'**.*

Cloze Procedures

Some linking strategies can be reached via a modification of **Cloze procedures**. Instead of words being omitted at regular intervals (e.g. every 5th/7th word), only the linking words between clauses or sentences are blanked out in the text.

> Printed text: *Elle fait ses courses,* BLANK *elle met ses provisions dans la voiture.*

The students copy the text, completing the blanks.

 ## *Paragraphing*

Attempts at written paragraphing may be helped by inviting the students to **provide titles for sections of the story**:

> *La femme en ville*
> *Découverte à la maison*
> *Chez le vétérinaire*
> *Arrivée à la maison: téléphone*
> *Arrivée de la police*
> *L'homme dans la cuisine*
> (or any other divisions)

Each title should be accompanied by an attempted **oral paragraphing** by the students:

Teacher: **Class:**

Title: *La femme en ville*

Racontez-moi ce qui se passe en ville   *La femme fait ses courses, puis elle met ses provisions dans la voiture ...*

The recapitulation by the teacher of the students' responses can remind them of **alternative forms**:

> *Oui, c'est ça. Elle fait ses courses en ville,* **puis** *ou* **après** *elle met ses provisions dans la voiture ...*

As the oral paragraphing proceeds, the **titles** of the paragraphs can be written on the OHP/board, together with any linking words the class may need.

Writing the Whole Story

The writing of the whole story needs careful preparation. Although writing is an individual affair, you may find it valuable to highlight the **cooperative aspects of writing** rather than the competitive. You may like to consider the class working in pairs or groups with the view to producing an agreed version for the consideration of their peers or an illustrated story for a wall display. Such cooperative activities might include pairing students of different abilities.

After completing the oral retelling of the story some of the most able students may wish to make their own stories or make modified versions of the story they have retold before the class has gone through the reading and writing activities suggested. Teachers are advised to adapt the suggestions made in '**Getting started**' (p. 10).

Using the OHT as a Prompt

With an able group, you could present the picture story without providing vocabulary and structures, asking the students:

- to make up a story in pairs interpreting the pictures shown;
- to ask in French for the vocabulary and structures they need in order to tell the story.

NB. It is important to welcome all story versions and not to insist that only one is 'correct'.

Stories for Level 1

- *A deux doigts de ... (example story)*
- *L'oranger magique*
- *Le cochon de lait*
- *Le bras poilu*
- *Le cercueil sur le car*

Each story is printed in a regular print format for oral telling and reading, and in a larger print format without punctuation for sequencing activities. There is a picture version for each of the stories in Level 1.

Telling and reading

A deux doigts de ...

Après avoir fait ses courses en ville, une femme rentre chez elle. Elle gare sa voiture. Lorsqu'elle ouvre la porte, elle trouve son chien, un gros doberman, qui se tord de douleur dans le vestibule.

La femme laisse tomber ses sacs de provisions. Elle prend son chien dans ses bras et le met avec difficulté dans la voiture. Elle se précipite chez le vétérinaire le plus proche.

Le vétérinaire examine le chien et décide de l'opérer immédiatement. Il conseille à la dame de rentrer chez elle et lui dit, qu'il lui téléphonera, dès que l'opération sera terminée.

Elle reprend sa voiture et rentre à la maison. On peut imaginer sa surprise. Au moment où elle ouvre sa porte, le téléphone sonne. Elle décroche. C'est le vétérinaire. Il lui dit de sortir immédiatement de chez elle sans poser de questions et sans se retourner. Il lui conseille de se réfugier chez une voisine et d'attendre la police qu'il vient d'alerter et qui va arriver très vite.

La dame quitte la maison et se réfugie chez une voisine. Quelques minutes plus tard une voiture de police arrive et deux agents se précipitent dans la maison. Ils en ressortent aussitôt, en poussant devant eux un homme qui de sa main droite serre très fort son poignet gauche pour arrêter une hémorragie. Il lui manque deux doigts à la main gauche.

A deux doights de ...

 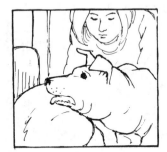 

 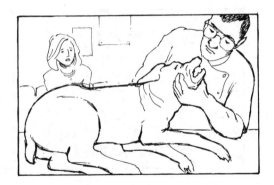

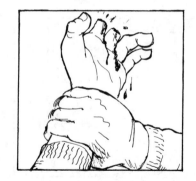

To be cut up

A deux doigts de ...

après avoir fait ses courses en ville une femme rentre chez elle elle

gare sa voiture lorsquelle ouvre la porte elle trouve son chien un gros

doberman qui se tord de douleur dans le vestibule la femme laisse

tomber ses sacs de provisions elle prend son chien dans ses bras et

le met avec difficulté dans la voiture elle se précipite chez le

vétérinaire le plus proche le vétérinaire examine le chien et décide

de lopérer immédiatement il conseille à la dame de rentrer chez elle

et lui dit quil lui téléphonera dès que lopération sera terminée elle

reprend sa voiture et rentre à la maison on peut imaginer sa surprise

au moment où elle ouvre sa porte le téléphone sonne elle décroche

cest le vétérinaire il lui dit de sortir immédiatement de chez elle sans

poser de questions et sans se retourner il lui conseille de se réfugier

chez une voisine et dattendre la police quil vient dalerter et qui va

arriver très vite la dame quitte la maison et se réfugie chez une

voisine quelques minutes plus tard une voiture de police arrive et

deux agents se précipitent dans la maison ils en ressortent aussitôt

en poussant devant eux un homme qui de sa main droite serre très

fort son poignet gauche pour arrêter une hémorragie il lui manque

deux doigts à la main gauche

Telling and reading

L'oranger magique

Une jeune fille pleure la mort de sa mère, mais elle pleure encore plus le remariage soudain de son père avec une femme qu'elle déteste: une vraie marâtre. Un jour sa marâtre rentre du marché avec son panier plein de belles oranges. Elle les dispose sur la table de la cuisine par petits tas de trois, puis elle s'éloigne.

La jeune fille s'approche de la table et elle dévore les oranges des yeux. Elle a faim. Elle prend une orange, la pèle et la mange. L'orange est délicieuse. Elle crache les pépins par terre et s'en va.

La marâtre revient et s'aperçoit qu'il manque une orange. Elle se met en colère et menace la jeune fille:

'Si tu ne remplaces pas l'orange volée, je te tue!'

Et elle s'en va. La jeune fille ne sait que faire. Il n'y a pas de marché tout près. Comment donc se procurer une orange?

Puis elle a une idée. Elle cherche les pépins crachés par terre, et les ramasse tous dans sa main. Elle quitte la maison et se dirige vers le cimetière. Là, elle plante les pépins sur la tombe de sa chère maman. Elle arrose les pépins de ses larmes pour les faire pousser et elle chante une petite chanson:

'Oranger magique, poussez haut! Oranger magique, poussez haut! Voyez comment les larmes coulent! Poussez haut! Voyez comment les larmes coulent! Poussez haut!'

Une tige d'oranger pousse. Joyeuse la jeune fille chante pour la faire pousser plus haut. La tige grandit. La jeune fille continue à chanter pour encourager l'oranger. L'arbre se couvre de feuilles et d'oranges. La jeune fille essaie de cueillir une orange, mais elle est trop petite et les branches sont trop hautes.

Alors elle chante pour faire baisser les branches. L'oranger se baisse et la jeune fille cueille trois oranges, deux pour elle et une pour la marâtre. La jeune fille montre les belles oranges à sa marâtre. Elle n'en croit pas ses yeux. Les oranges sont si belles! Elle veut savoir d'où elles viennent.

La jeune fille lui montre l'oranger et l'invite à y grimper. La marâtre grimpe dans l'arbre et se gorge d'oranges, une, deux, trois, une, deux, trois.

Au pied de l'oranger la jeune fille mouille la terre de ses larmes. Elle chante pour faire pousser l'arbre dans les nuages.

Grâce au chant, l'oranger pousse et pousse plus haut. Sa cime disparaît dans les nuages. La marâtre disparaît, elle aussi. La joie éclate sur le visage de la jeune fille.

La jeune fille grandit. Elle pousse comme un bel oranger. Elle devient très belle et a le coup de foudre pour un marchand d'oranges. Ils se marient, sont heureux et ont beaucoup d'enfants.

L'oranger magique

To be cut up

L'oranger magique

une jeune fille pleure la mort de sa mère mais elle pleure encore plus le remariage soudain de son père avec une femme quelle déteste une vraie marâtre un jour sa marâtre rentre du marché avec son panier plein de belles oranges elle les dispose sur la table de la cuisine par petits tas de trois puis elle séloigne la jeune fille sapproche de la table et elle dévore les oranges des yeux elle a faim elle prend une orange la pèle et la mange lorange est délicieuse elle crache les pépins par terre et sen va la marâtre revient et saperçoit quil manque une orange elle se met en colère et menace la jeune fille si tu ne remplaces pas lorange volée je te tue et elle sen va la jeune fille ne sait que faire il ny a pas de marché tout près comment donc se procurer une orange puis elle a une idée elle cherche les pépins crachés par terre et les ramasse tous dans sa main elle quitte la maison et se dirige vers le cimetière là elle plante les pépins sur la tombe de sa chère maman elle arrose les pépins de ses larmes pour les faire pousser et elle chante une petite chanson oranger magique poussez haut oranger magique poussez haut voyez comment les larmes coulent poussez haut voyez comment les larmes coulent poussez haut une tige doranger pousse joyeuse la jeune fille chante pour la faire pousser plus haut la tige grandit la jeune fille continue à chanter pour encourager loranger larbre se couvre de feuilles et doranges la jeune fille essaie de cueillir une orange mais elle est trop petite et les branches sont trop hautes alors elle chante pour faire baisser les branches loranger se baisse et la jeune fille cueille trois oranges deux pour elle et une pour la marâtre la jeune fille montre les belles oranges à sa marâtre elle nen croit pas ses yeux les oranges sont si belles elle veut savoir doù elles viennent la jeune fille lui montre loranger et linvite à y grimper la marâtre grimpe dans larbre et se gorge doranges une deux trois une deux trois au pied de loranger la jeune fille mouille la terre de ses larmes elle chante pour faire pousser larbre dans les nuages grâce au chant loranger pousse et pousse plus haut sa cime disparaît dans les nuages la marâtre disparaît elle aussi la joie éclate sur le visage de la jeune fille la jeune fille grandit elle pousse comme un bel oranger elle devient très belle et a le coup de foudre pour un marchand doranges ils se marient sont heureux et ont beaucoup denfants

Telling and reading

Le cochon de lait

Une bonne femme a un cochon de lait. Elle conduit le cochon dans la forêt chercher des glands. Le cochon mange et mange jusqu'à ce que son ventre commence à traîner par terre. La bonne femme dit qu'il est temps de rentrer. Le cochon ne veut pas rentrer.

La bonne femme cherche le petit chien. Elle lui dit qu'il faut mordre le cochon qui ne veut pas rentrer, mais le petit chien ne veut pas mordre le cochon de lait.

La bonne femme cherche le bâton. Elle lui dit qu'il faut taper le petit chien qui refuse de mordre le cochon qui ne veut pas rentrer. Mais le bâton ne veut pas taper le petit chien.

La bonne femme cherche le petit feu. Elle lui dit qu'il faut brûler le bâton qui refuse de taper le petit chien qui ne veut pas mordre le cochon de lait qui ne veut pas rentrer, mais le petit feu ne veut pas brûler le bâton.

La bonne femme cherche le ruisseau elle lui dit qu'il faut éteindre le petit feu qui refuse de brûler le bâton qui ne veut pas taper le petit chien qui refuse de mordre le cochon qui ne veut pas rentrer à la maison, mais le ruisseau ne veut pas éteindre le petit feu.

La bonne femme cherche la petite vache. Elle lui dit qu'il faut boire le ruisseau qui refuse d'éteindre le petit feu qui ne veut pas brûler le bâton qui refuse de taper le petit chien qui ne veut pas mordre le cochon qui refuse de rentrer à la maison, mais la vache ne veut pas boire le ruisseau.

La bonne femme cherche le boucher. Elle lui dit qu'il faut tuer la vache qui refuse de boire le ruisseau qui ne veut pas éteindre le petit feu qui refuse de brûler le bâton qui ne veut pas taper le petit chien qui refuse de mordre le cochon qui ne veut pas rentrer à la maison.

Le boucher prend son couteau et suit la bonne femme. Quand il voit la petite vache il ne veut pas la tuer. La bonne femme cherche le bourreau. Elle lui dit qu'il faut pendre le boucher qui refuse de tuer la petite vache qui ne veut pas boire le ruisseau qui refuse d'éteindre le petit feu qui ne veut pas brûler le bâton qui refuse de taper le petit chien qui ne veut pas mordre le cochon qui refuse de rentrer à la maison.

Le bourreau prend dans sa main un gros rouleau de corde et suit la bonne femme. Le boucher voit le bourreau et décide de tuer la petite vache. La vache voit le couteau et décide de boire le ruisseau. Le ruisseau voit la petite vache et décide d'éteindre le petit feu. Le petit feu voit le ruisseau et décide de brûler le bâton. Le bâton voit le petit feu et décide de taper le petit chien. Le petit chien voit le bâton et décide de mordre le cochon.

Le cochon de lait voit le petit chien et décide de rentrer à la maison. Le cochon de lait rentre à la maison. Ainsi, le bourreau ne pend pas le boucher, le boucher ne tue pas la petite vache, la petite vache ne boit pas le ruisseau, le ruisseau n'éteint pas le petit feu, le petit feu ne brûle pas le bâton, le bâton ne tape pas le petit chien, le petit chien ne mord pas le cochon de lait. Ainsi, personne ne fait de mal à personne.

Le cochon de lait

To be cut up

Le cochon de lait

une bonne femme a un cochon de lait elle conduit le cochon dans la forêt chercher des glands le cochon mange et mange jusquà ce que son ventre commence à traîner par terre la bonne femme dit quil est temps de rentrer le cochon ne veut pas rentrer la bonne femme cherche le petit chien elle lui dit quil faut mordre le cochon qui ne veut pas rentrer mais le petit chien ne veut pas mordre le cochon de lait la bonne femme cherche le bâton elle lui dit quil faut taper le petit chien qui refuse de mordre le cochon qui ne veut pas rentrer mais le bâton ne veut pas taper le petit chien la bonne femme cherche le petit feu elle lui dit quil faut brûler le bâton qui refuse de taper le petit chien qui ne veut pas mordre le cochon de lait qui ne veut pas rentrer mais le petit feu ne veut pas brûler le bâton la bonne femme cherche le ruisseau elle lui dit quil faut éteindre le petit feu qui refuse de brûler le bâton qui ne veut pas taper le petit chien qui refuse de mordre le cochon qui ne veut pas rentrer à la maison mais le ruisseau ne veut pas éteindre le petit feu la bonne femme cherche la petite vache elle lui dit quil faut boire le ruisseau qui refuse déteindre le petit feu qui ne veut pas brûler le bâton qui refuse de taper le petit chien qui ne veut pas mordre le cochon qui refuse de rentrer à la maison mais la vache ne veut pas boire le ruisseau la bonne femme cherche le boucher elle lui dit quil faut tuer la vache qui refuse de boire le ruisseau qui ne veut pas éteindre le petit feu qui refuse de brûler le bâton qui ne veut pas taper le petit chien qui refuse de mordre le cochon qui ne veut pas rentrer à la maison le boucher prend son couteau et suit la bonne femme quand il voit la petite vache il ne veut pas la tuer la bonne femme cherche le bourreau elle lui dit quil faut pendre le boucher qui refuse de tuer la petite vache qui ne veut pas boire le ruisseau qui refuse déteindre le petit feu qui ne veut pas brûler le bâton qui refuse de taper le petit chien qui ne veut pas mordre le cochon qui refuse de rentrer à la maison le bourreau prend dans sa main un gros rouleau de corde et suit la bonne femme le boucher voit le bourreau et décide de tuer la petite vache la vache voit le couteau et décide de boire le ruisseau le ruisseau voit la petite vache et décide déteindre le petit feu le petit feu voit le ruisseau et décide de brûler le bâton le bâton voit le petit feu et décide de taper le petit chien le petit chien voit le bâton et décide de mordre le cochon le cochon de lait voit le petit chien et décide de rentrer à la maison le cochon de lait rentre à la maison ainsi le bourreau ne pend pas le boucher le boucher ne tue pas la petite vache la petite vache ne boit pas le ruisseau le ruisseau néteint pas le petit feu le petit feu ne brûle pas le bâton le bâton ne tape pas le petit chien le petit chien ne mord pas le cochon de lait ainsi personne ne fait de mal à personne

Telling and reading

Le bras poilu

Les Brissot ont une petite ferme en Normandie. Un jour, M. Brissot sort son cheval de l'écurie, l'attèle à sa charrette et prend la route du village où il doit s'acheter des outils pour la ferme. Avant de partir il met un sac d'avoine dans la charrette pour son cheval.

M. Brissort a une heure de route devant lui. Comme il est bavard, il n'aime pas voyager seul. Il préfère avoir de la compagnie. Mais, le voilà seul sur sa charrette. Sur sa gauche, il voit les champs de sa ferme; sur sa droite, les champs de son voisin.

En passant devant les pommiers de son verger, il aperçoit une vieille femme qui marche lentement au bord de la route. Elle est toute en noir: elle porte un long jupon noir qui descend jusqu'aux pieds, sa tête et ses épaules sont entièrement cachées sous un châle noir. Elle porte un gros panier d'osier, couvert d'une nappe blanche.

M. Brissot arrête son cheval et invite la femme à voyager avec lui. Elle ne dit rien, mais pose son panier dans la charrette, derrière la banquette, et monte à côté du fermier.

M. Brissot, heureux d'avoir de la compagnie lui pose des questions — d'où elle vient, où elle va, ce qu'elle fait sur la route etc. C'est peine perdue: elle ne répond pas.

Le fermier continue son chemin. Pensant à son cheval, il demande à la femme de lui donner à manger. Il arrête le cheval, la femme descend sur la route et le fermier lui passe le sac d'avoine. Comme elle tend la main pour prendre le sac, son châle retombe sur son épaule. Le fermier s'aperçoit avec horreur d'un bras musclé et poilu et d'un poing puissant qui cherche à saisir le sac.

Donnant un coup de fouet à son cheval, il part au galop vers le village, et abandonne la femme au milieu de la route. Arrivé au village, il s'arrête devant l'auberge. Il prend le panier, le pose sur ses genoux et soulève un coin de la nappe. Dans le panier, sous la nappe il y a un pistolet chargé.

Le bras poilu

To be cut up

Le bras poilu

les brissot ont une petite ferme en normandie un jour m brissot sort son cheval de lécurie lattèle à sa charrette et prend la route du village où il doit sacheter des outils pour la ferme avant de partir il met un sac davoine dans la charrette pour son cheval m brissot a une heure de route devant lui comme il est bavard il naime pas voyager seul il préfère avoir de la compagnie mais le voilà seul sur sa charrette sur sa gauche il voit les champs de sa ferme sur sa droite les champs de son voisin en passant devant les pommiers de son verger il aperçoit une vieille femme qui marche lentement au bord de la route elle est toute en noir elle porte un long jupon noir qui descend jusquaux pieds sa tête et ses épaules sont entièrement cachées sous un châle noir elle porte un gros panier dosier couvert dune nappe blanche m brissot arrête son cheval et invite la femme à voyager avec lui elle ne dit rien mais pose son panier dans la charrette derrière la banquette et monte à côté du fermier m brissot heureux davoir de la compagnie lui pose des questions doù elle vient où elle va ce quelle fait sur la route etc cest peine perdue elle ne répond pas le fermier continue son chemin pensant à son cheval il demande à la femme de lui donner à manger il arrête le cheval la femme descend sur la route et le fermier lui passe le sac davoine comme elle tend la main pour prendre le sac son châle retombe sur son épaule le fermier saperçoit avec horreur dun bras musclé et poilu et dun poing puissant qui cherche à saisir le sac donnant un coup de fouet à son cheval il part au galop vers le village et abandonne la femme au milieu de la route arrivé au village il sarrête devant lauberge il prend le panier le pose sur ses genoux et soulève un coin de la nappe dans le panier sous la nappe il y a un pistolet chargé

Telling and reading

Le cercueil sur le car

C'est une histoire vécue. Ça se passe entre le Monestier et Freyssénateur. Le car fait la ligne Freyssénateur-Le Puy le samedi, tous les samedis. Il y a beaucoup de clients. En partant du Puy le car est bien chargé. A Monestier un client veut monter. C'est le croque-mort avec un cercueil. Il emporte le cercueil dans la montagne où quelqu'un est mort. Le chauffeur (qui est le propriétaire) refuse d'accepter le cercueil à l'intérieur du car, alors il faut le monter sur la galerie. D'autres clients arrivent et le chauffeur dit:

'Si vous voulez monter, il faut monter sur le toit'.

Deux jeunes montent sur la galerie et prennent place à côté du cercueil. Le car se remet en route pour la montagne.

En route, il se met à pleuvoir. Un des jeunes ouvre son parapluie. L'autre n'en a pas. Alors il ouvre le cercueil et se met dedans. Le car poursuit son voyage, s'arrêtant dans tous les petits villages sur sa route. Le garçon avec le parapluie descend; d'autres garçons montent sur la galerie du car.

A un moment donné, le couvercle du cercueil s'ouvre, une tête apparaît et dit:

'Tiens, il pleut toujours' et le couvercle se referme.

Le cercueil sur le car

To be cut up

Le cercueil sur le car

cest une histoire vécue ça se passe entre le monestier et freyssénateur le car fait la ligne freyssénateur le puy le samedi tous les samedis il y a beaucoup de clients en partant du puy le car est bien chargé a monestier un client veut monter cest le croque-mort avec un cercueil il emporte le cercueil dans la montagne où quelquun est mort le chauffeur qui est le propriétaire refuse daccepter le cercueil à lintérieur du car alors il faut le monter sur la galerie dautres clients arrivent et le chauffeur dit si vous voulez monter il faut monter sur le toit deux jeunes montent sur la galerie et prennent place à côté du cercueil le car se remet en route pour la montagne en route il se met à pleuvoir un des jeunes ouvre son parapluie lautre nen a pas alors il ouvre le cercueil et se met dedans le car poursuit son voyage sarrêtant dans tous les petits villages sur sa route le garçon avec le parapluie descend dautres garçons montent sur la galerie du car a un moment donné le couvercle du cercueil souvre une tête apparaît et dit tiens il pleut toujours et le couvercle se referme

Level 2 (Intermediate)

Teaching the Language

Teaching and Telling the Story

Stories:

- *La soupe au caillou*
- *L'autostoppeur fantôme*
- *Les mains blanches*
- *L'église de Bournazel*
- *Evasion*

NB. Although the stories of Level 2 may appear more suitable for older students and those of Level 1 more accessible to younger students, the separate divisions are not intended to be hard and fast. Teachers will adjust their stories to the class they wish to tell them to.

Teaching the Language

In the activities which follow, the suggestions are accompanied by an indication of the language forms you are trying to teach the students to understand and produce. As in Level 1 the suggestions for what you might say and do are headed '**Teacher**' and what you intend the students to learn to do, say, draw, read or write are headed '**Class**'. The layout of the examples on the printed page may give the false impression that they are intended to represent a scripted dialogue between you and the students. The examples shown here take the form of an idealised content **only to make the teaching/learning principles clear**. There is nothing easy or automatic about the process: in the real classroom teaching and learning take place in an ongoing negotiation over time which cannot be adequately represented in a book.

The principles underlying the suggestions made for the teaching of *La soupe au caillou* are equally applicable to the other stories in Level 2 (*L'autostoppeur fantôme, Les mains blanches, L'église de Bournazel, Evasion*). You are therefore invited to read them with this in mind.

The activities focus on building up the students' understanding and production of the components of the sentences telling the stories. The format largely replicates that used in '**Teaching the Language**' in Level 1, except that the support material contains no illustrations.

The activities indicate the modes involved:

Speaking and Listening

Reading

Writing

Where more than one mode can be used, this is indicated by multiple icons.

Photocopy *La soupe au caillou* as a point of reference for the suggestions printed below.

Speaking and Listening

Presenting/revising vocabulary meanings

Using language within the students' experience to explain or define meanings:

- *une vieille* = *une femme qui a plus de 70 ans*
- *un vieux* = *un homme qui a plus de 70 ans*
- *lumière* = *lampe (qui donne de la lumière)*
- *il a ramassé* le caillou = *l'a pris dans sa main*
- *marmite* = *un pot, large et rond, dans lequel on fait cuire, par exemple, les pommes de terre, la soupe etc.*
- *farine* = e.g. *la farine de Macdougall* (or a brand known to the students)

You can show some meanings by **miming** the actions to be demonstrated:

- *il a plongé son caillou dans l'eau*
- *il a épluché l'oignon*
- *il l'a piqué au bout de son couteau*

 Questions and Answers

Checking understanding and constructing sentences

You can give your questions a specific focus.

Questions expecting **short or single word answers**:

Teacher:	**Class:**
Qui a ouvert la porte?	*Une / la vieille femme*
Qu'est-ce que le soldat a remarqué à ses pieds?	*Un caillou*

Questions offering **realistic alternatives** for selection

Teacher:	**Class:**
Le soldat, il a sonné ou il a frappé à la porte?	*Il a frappé à la porte*
La femme, elle était hostile ou amicale?	*Hostile*

Questions expecting answers **using prepositions**:

Teacher:	Class:
Où est-ce que le soldat a mis la marmite?	*Sur le feu*
Où est-ce que le soldat a mis l'oignon?	*Dans la marmite*

Questions expecting **actions** in the answers:

Teacher:	Class:
Qu'est-ce que le soldat a fait de la marmite?	*Il l'a mise sur le feu*
Qu'est-ce que le soldat a fait de l'oignon?	*Il l'a mis dans la marmite*

(focusing on time in a sequence:)

Qu'est-ce que le soldat a fait en arrivant à la maison?	*Il a frappé à la porte*

Miming

Asking the students to mime a sequence of actions in order to prompt a sequence of sentences

Teacher:	Class:

Gives instructions to a student in front of the class:

Tu es le soldat. Voilà la maison de la vieille. Tu t'approches de la maison.	Student mimes as instructed

Teacher:	Class:

When the mime is completed, asks the class:

Qu'est-ce que le soldat a fait?	*Il s'est approché de la maison*

Instructs student:

Tu frappes à la porte	Mimes as instructed

When the mime is completed, asks the class:

Qu'est-ce que le soldat a fait?	*Il a frappé à la porte*
Alors, pour résumer, qu'est-ce que le soldat a fait?	*Il s'est approché de la maison et il a frappé à la porte*

Student directed miming

A student mimes, say, the soldier's arrival at the house and asks:

Student:	**Class:**
Je suis qui?	*Tu es le soldat*
Qu'est-ce que j'ai fait?	*Tu es arrivé à la maison*

Guessing

Teacher:	**Class:**
Je pense à quelqu'un qui a frappé à la porte. C'est qui?	*C'est le soldat*
Je pense à quelque chose qui contient de l'eau.	*Une marmite*

Reading

At sentence level reading activities can be used to help **consolidate** the structured learning of the language needed to retell the story. Activities which require the class to switch backwards and forwards between speaking, listening, writing and reading are of this kind. They will essentially focus on the **meanings within sentences**.

Reading and Writing

Talking about structure

Teacher: **Class:**

Writes on board/OHP:

Le soldat à frappé a la porte. *Il s'est approché la porte.*	Find the correct forms
Avez vous faim si, la mangez soupe au caillou.	Find the correct word order

This technique can be used to focus on those errors to which the class are particularly prone.

Evaluation

In this activity, the students are asked to consider the **possibility/impossibility, truth/falsehood of certain propositions**. You write each sentence, one at a time, on the OHP/board, asking:

C'est possible? impossible? vrai? faux?:

> *Le soldat a sonné à la porte*
>
> *Le soldat a sonné à la fenêtre*
>
> *Le soldat a frappé à la fenêtre*
>
> *Le soldat a frappé à la porte*

The students respond appropriately and then can contribute their own propositions.

You can also present the questions in writing in the form of **a grid to be completed**:

> *Le soldat a sonné à la porte*   *Possible? Impossible? Vrai? Faux?*
>
> *Le soldat a sonné à la fenêtre*
>
> *Le soldat a frappé à la fenêtre*
>
> *Le soldat a frappé à la porte*

You can ask the students to reflect on the **word order** in sentences. You write sentences on the board/OHP in a transposed order, and the students reconstruct the sentences:

> *Il a mis la marmite dans l'eau*
>
> *Elle a pris le sac dans la farine*
>
> *Il piqué l'oignon bout au son de couteau*

The function of **pronouns, nouns, word order** etc. can be highlighted. You write the sentences on the OHP/board:

Pronouns: *Il revenait de guerre. Il avait faim. Il avait soif.*

Nouns: *Un soldat revenait de guerre. Le soldat avait faim. Le soldat avait soif.*

Word order: *Il a frappé. Il s'est approché de la porte.*

The students discuss the sentences and rewrite them appropriately.

Spelling

Students can be asked to:

- spell out orally words, phrases and sentences;
- write them on the blackboard/OHP;
- read them aloud.

Once the words, phrases and sentences have been read aloud, they can be required again in spelling and writing from other students.

Reading

Sentences can be printed and cut up into segments for reordering. The segments can be cut so as to require the students to appreciate:

Subject/verb concord: *Le soldat / a frappé à la porte*

Le soldat et la vieille / ont mangé la soupe au caillou

Prepositions: *Le soldat s'est approché / de la porte*

Word order: *soldat a à le frappé porte la*

Writing

Activities at sentence level are directed at **improving control** over the elements of which the sentence structures are composed. Essentially, they link those meanings which can be expressed more or less equally well in speech or writing without loss. Consequently, they should parallel oral activities already practised.

The oral questions suggested in **'Speaking and Listening'** (p. 67) can be written down by the class as dictation and responded to in writing. Some can also be printed beforehand, distributed and answered in writing.

The practice of asking oral questions and following immediately with the same questions in writing is very helpful to the learning process.

Dictation

The conventional technique of **dictation** can be used to improve the students' control over spelling. It can be used, following the speaking and listening/spelling/writing sequence, to increase the students' grasp of the systems involved. You can also adapt dictation as a **Cloze exercise** to encourage the students to predict meanings:

> You say: *Ecrivez: **Le soldat s'est approché de la BLANK**, expecting the students to write: **Le soldat s'est approché de la porte**.

The **oral spelling of words or structures** can be followed by writing on the OHP/board:

Teacher:　　　　　　　　　　　　**Class:**
*Epèle: **la marmite***　　　　　　　Spells orally.

*Ecris: **la marmite***　　　　　　　Writes.

Questions and Answers

Once the vocabulary and structures have become available as understood meanings and practised spellings, their **use in writing** can be exercised following their use in speech in class. Oral questions to the class can be followed by the same questions in writing:

Teacher:　　　　　　　　　　　　**Class:**
Oral/written questions　　　　　　　Say (later, write):
Says (later, writes):

> *Où est-ce que le soldat a mis la marmite?*　　　　*Sur le feu*
>
> *Où est-ce que le soldat a mis l'oignon?*　　　　*Dans la marmite*

Teacher:　　　　　　　　　　　　**Class:**

> *Qu'est-ce que le soldat a fait de la marmite?*　　　*Il l'a mise sur le feu*
>
> *Qu'est-ce que le soldat a fait de l'oignon?*　　　　*Il l'a mis dans la marmite*
>
> *Qu'est-ce que le soldat a fait en arrivant à la maison?*　　*Il a frappé à la porte*

And so on.

Teaching and Telling the Story

This section offers ways of combining sentences into the larger sequences of text on which storytelling depends. In deciding how you will teach the story, you might find it helpful:

- **to divide the story into a sequence of smaller units;**
- **to precede the telling of each part of the story by dealing with its language problems** (see 'Teaching the Language', p. 66 *et seq.*).

If you do this, the class can be invited at the end of each section of the story to anticipate what happens next. More able groups may be able to make their predictions in French. Even if they cannot use French to make their guesses about what happens next, the activity may still stimulate their interest in the way the story develops and thus assist their learning.

From the outset every attempt should be made to consolidate the learning of the language of the text — not just the new vocabulary and structures — in talking, reading and writing.

This integration should take place both at the level of the individual vocabulary/structural items and at the higher levels of sentence, paragraph and beyond. That is to say, that the class should learn to understand, say, read and write:

- **the language items of which the sentences of the story are composed;**
- **ways of combining the sentences which make up the story.**

The class should become accustomed to moving backwards and forwards between **listening, speaking, drawing, reading and writing**, with the teacher asking such questions and giving such instructions as:

> *Ça veut dire quoi? Comment ça s'écrit? Ecris-moi ça au tableau. Lis-moi ça. Tu peux dessiner ça au tableau?* etc.

Suggestions

The following suggestions assume that the class is familiar with the principal elements needed at **sentence level** for the story to be heard with understanding and then retold. The focus here is on **understanding and creating meaning at the level of the story**, that is to say, of language which combines the sentences of which the story is composed. Teachers should select those activities which interest them, bearing in mind the need to preserve the integration of speaking, listening, reading and writing on which learning depends.

 ## *Chaining and Chunking*

Chaining (single sentences)

As a class activity you invite the students to produce single sentences in sequence.

Teacher:	Class:
Begins with (say):	
Le soldat s'est approché de la maison	
Nominates a student or asks for a volunteer to continue.	*Il a frappé à la porte*
Nominates a second student or asks for a volunteer to carry on.	

Chunking (sentences in sequence)

You can begin to get **larger units of language** by asking after a few sentences:

Teacher:	Class:
Alors, qui peut résumer?	*Le soldat s'est approché de la maison. Il a frappé à la porte. Une vieille femme a ouvert la porte*
(summarising a sequence):	
Qu'est-ce que le soldat a fait d'abord?	*Il a rempli la marmite*
Et, après?	*Il a mis la marmite sur le feu*
Ensuite?	*Il a coupé l'oignon en morceaux* *Il a mis l'oignon dans la marmite*

You invite the students **in groups of four** to produce single sentences in sequence. A leader is nominated in each group. The leader begins:

Group leader:

Le soldat s'est approché de la maison

Nominates next student, who continues:

Il a frappé à la porte

Leader nominates next student to continue. And so on.

You invite the students **in pairs** to produce single sentences in sequence (the students can be restricted to one sentence each to begin with). As the class becomes more confident, they can offer **larger chunks of the story**, handing over to someone else when they are ready to do so. This can be done as pairwork or groupwork but it is advisable to practise the activity with the whole class first:

Teacher:

Begins: *il s'est approché de la maison ... (naming student)* Continue! (naming student): *Continue!*

Class:

Il a frappé à la porte. Une vieille femme a ouvert la porte, le regard hostile ...

And so on

Miming

You can use miming to help students produce several sentences in sequence by asking them to mime a sequence of actions:

Teacher:
To one student in front of the class:

Tu es le soldat. Tu prends la marmite, tu la remplis d'eau, tu la mets sur le feu.

Asks:

*Qu'est-ce qu'il a fait **d'abord**?*

*Et **après**?*

Or:

Qu'est-ce qu'il a fait de la marmite?
Et ensuite?

Class:

Mimes sequence.

Il a pris la marmite

Il a rempli la marmite d'eau

Il l'a remplie d'eau

Il a mis la marmite sur le feu

Combining Clauses and Sentences

Teacher:	Class:
Alors, pour résumer, qu'est-ce qui s'est passé?	***D'abord** il a pris la marmite, **puis / après** il l'a remplie d'eau, **ensuite** il a mis la marmite sur le feu*

Teacher Telling the Story

The timing of the telling of the whole story will undoubtedly vary from teacher to teacher. You may prefer to tell the story first, see how much the class understands and then prepare a more comprehensive understanding to precede an eventual oral retelling by the students. Or you may wish to build the story up bit by bit, telling it in sections. Again, you may want to prepare the story before embarking on the telling and retelling by the class. This is a matter of choice: there is no right way.

If you have preferred to start off from the printed text seen by the students, you may think that there is no place for your telling of the story. On the contrary: whether they have read the story or not, the students need the stimulus of a story well told, if they are to tell stories themselves

Speaking and Listening

Class Retelling the Story

The oral retelling of the whole story by individual students to the rest of the class can be prepared for by pair and group work. In pairs, the partners would listen to each other and encourage a fluent performance. In groups, they could evaluate their own performances by reference to criteria agreed for the whole class performance. It is important that those who perform before the whole class should be aware of the criteria by which their peers will judge their performance. These criteria should be discussed in advance.

The timing of the oral retelling — whether it occurs, say, before or after the writing — is entirely a matter of choice and experience. In any oral work you should clearly distinguish between those occasions when the focus is on:

- **construction and repair** (i.e. when it is legitimate and useful for you to intervene and help); and,
- **performance** (i.e. when it is important for you to be an interested but non-intervening listener).

Reading

The purpose of reading at story level is to help the students **grasp the structure of the whole text** (a necessary preliminary to writing). The focus is on activities which direct attention to the devices linking sequences of text, both within and between sentences.

Reading aloud

Reading aloud by the class should be preceded by a reading by the teacher/French assistant. It can be done as a class, in small groups or in pairs. The focus should be on **fluent, accurate renderings of texts** of increasing length.

Reading cut-up text

Sentences can be cut up into words or word groups. The whole story can be cut up into paragraphs and smaller units for reordering by the class. The segments can be cut so as to require the students **to appreciate the way the story is constructed** (e.g. beginning, middle and end; sequence of events). Tasks can be varied to suit the ability level of the class. Sentences or sequences of sentences can be distributed to pairs or groups in random order for the students to put back in sequence. Various topics for groupwork/pairwork can be suggested, such as:

Putting single sentences in order

In groups of four each student has **one** sentence from a total sequence of **four**. The students read aloud their sentences in turn and decide **orally** on the order (1, 2, 3, 4) before they arrange the sentences on the table in the correct order for checking. The activity can be repeated, increasing the number of sentences for each student.

In pairs each student has **two** sentences which s/he reads out in turn. When they have completed the reading of the four sentences, they decide on the correct order. (NB. This should be attempted as an oral activity, before the sequence is checked visually by arranging the sentences in order on the table.)

Putting larger stretches of text in order

For this activity, a group/pair of students share one text. The text can be printed in longer chunks with one or more sentences out of sequence. As the class becomes more confident, the length of the sequences of text and the number of transposed sentences can be increased. Care is needed to ensure that significant markers are included in the sentences printed out of sequence, such as:

- words used to signal time relations, clause coordination and subordination
  e.g. *puis, au moment où, et, parce que*, etc.;

- pronouns referring to nouns previously mentioned (e.g. *il /elle, celui-ci,* etc.)

NB. All the above activities should be preceded by a class oral activity introducing them.

Dictionary skills

Students should be taught to use dictionaries, preferably, monolingual (e.g. *Dictionnaire fondamental de la langue française*; Harrap 1958); otherwise a good bilingual dictionary (e.g. *Collins Robert*) should be made available.

Reading the whole story

It may be useful to present the class with a copy of the whole text before they write their version. This can be read aloud to them and, perhaps:

- rehearse difficult spellings or structures;
- highlight linking words;
- call for alternative words and expressions.

Writing

Here the focus is on introducing and consolidating those structural elements which help to link sentences in meaningful sequences. These should be presented orally and made available in their written form. Such forms as pronouns, conjunctions, demonstratives, adverbs and adverb phrases, for example: *il /elle, avant, après, puis, en voyant, quand il a vu ..., pourquoi ... parce que,* etc.

Speaking and Listening

Some of the language forms mentioned above are accessible by means of question and answer techniques, with the learning activity moving from talking and listening to reading and writing:

Teacher:	**Class:**
Stage 1: Teacher asks questions.	Oral response.
Stage 2: Teacher writes questions.	Students respond in writing.
Qu'est-ce que le soldat a fait au commencement?	*Il s'est approché de la porte*
Pourquoi est-ce que le soldat a frappé à la porte de la vieille?	*Parce qu'il avait vu une lumière /avait faim* etc.

Dictation

Dictation can be used to help with structuring problems (e.g. with words or phrases needed for linking sentences in sequence):

Teacher:	**Class:**
Après, *elle a fermé la porte.*	Write down dictation.
Puis, *il a ramassé le caillou* etc.	

Combining Clauses and Sentences

The focus is on the linking procedures available in French — use of pronouns, adverbs, conjunctions etc. The clauses and sentences to be combined could be written on the OHP/board and discussed orally before the class attempt their combination in writing.

Nouns to pronouns (where appropriate):

Le soldat s'est approché de la porte. Le soldat a frappé à la porte

Pronouns to nouns (where appropriate):

Il s'est approché de la porte. Il a frappé à la porte

Adverbs:

Il s'est approché de la porte. Il a frappé à la porte. + *puis*

Conjunctions:

Il s'est approché de la porte. Il a frappé à la porte. + *et*

And so on.

Cloze Procedures

Some linking strategies can be reached via modified Cloze procedures. Instead of words being omitted at regular intervals (e.g., every 5th, 7th word, etc.), only the linking words between clauses or sentences are blanked out in the text.

Printed text:

Et clac! Elle a fermé la porte. BLANK *lui, il s'en est allé.* BLANK, *tout d'un coup, regardant par terre, il a vu un caillou devant ses pieds*

The class **copies** the text, **completing any blanks**.

Paragraphing

Attempts at **written paragraphing** may be helped by inviting the students to provide titles for sections of the story:

> *Soldat en route*
> *A la maison de la vieille*
> *Le caillou*
> *Dans la cuisine*
> *Marmite + eau*
> *Marmite + oignon*
> *Marmite + farine*
> *Marmite + beurre*

(or any other divisions)

Each title should be accompanied by an attempted oral paragraphing by the class before the writing of the paragraph begins:

Teacher:	**Class:**
Title: *Dans la cuisine*	
Racontez-moi ce qui s'est passé dans la cuisine	*Le soldat a pris une marmite. Il a rempli la marmite d'eau. Il a mis la marmite sur le feu*

The teacher's **repetition** of the students' responses can remind them of alternative forms:

Teacher:

> *Oui, il a pris une marmite, **l'a remplie d'eau, puis** il a mis la marmite sur le feu*

As the oral paragraphing proceeds, the **titles** of the paragraphs can be written on the OHP/board, together with any linking words that the class may need to be reminded of.

The Whole Story

The writing of the whole story needs careful preparation. Although writing is an individual affair, you may find it valuable to highlight the cooperative aspects of writing rather than the competitive. You may like to consider the class working together in pairs or groups with the view of producing an agreed version for the consideration of their peers or an illustrated story for a wall display.

Changing and Making Stories

After completing the oral retelling of the story some of the most able may wish to make their own stories or make modified versions of the story they have retold before the class has gone through the reading and writing activities suggested. You could adapt the suggestions made in '**Changing and Making Stories**', p. 13 *et seq.*

Stories for Level 2

- *La soupe au caillou (example story)*
- *L'autostoppeur fantôme*
- *Les mains blanches*
- *L'église de Bournazel*
- *Evasion*

Each story is printed in a regular print format for oral telling and reading and in a larger print format for sequencing activities.

Telling and reading

La soupe au caillou

Un soldat revenait de guerre. Il avait faim, il avait froid, la nuit tombait. Aux alentours d'un village il a vu une lumière au loin. Il s'est approché de la maison. Il a frappé.

La porte s'est ouverte. C'était une vieille qui habitait là. Le regard hostile, elle l'a regardé. Le soldat a dit:

— Vous avez un bout de pain pour un soldat qui revient de guerre?

— Encore un? On n'est pas riche ici. Il n'y a même pas assez à manger pour les habitants. Allez-vous en! Si vous avez faim, mangez la soupe au caillou!

Et clac!, elle a fermé la porte.

Et lui, il s'en est allé. Puis, tout d'un coup, regardant par terre, il a vu un caillou devant ses pieds. Ça lui a donné une idée. Il s'est baissé, a ramassé le caillou, s'est retourné et s'est rapproché de la porte de la maison. Il a frappé. La porte s'est ouverte. Le soldat a montré son caillou. La vieille n'en croyait pas ses yeux. Le soldat a dit:

— Vous avez une marmite d'eau et une place sur le feu pour cuire ma soupe au caillou?

La vieille l'a laissé entrer. Il a rempli une marmite d'eau et l'a mise sur le feu. Puis il a plongé son caillou dans l'eau, a pris une cuiller sur la table et a tourné, tourné, en disant:

— Ça vous étonne, hein? la soupe au caillou. Justement, c'est une recette de chez nous.

Il tournait, tournait. La vieille le regardait, les yeux grands ouverts. Il a dit:

— Ah, oui, je me rappelle, maintenant, dans mon pays on dit que l'important c'est que l'eau accueille le caillou. Et pour ça il faut du sel. Mais vous, vous n'en avez pas, vous êtes trop pauvre.

— Oh, il faut pas exagérer. Il y en a peut-être derrière.

Et elle s'en est allée derrière, a pris du sel sur le mur et est revenue. Il a jeté le sel dans la marmite et a tourné. Puis il a dit:

– Ah, oui, je me rappelle maintenant. L'important c'est que l'eau aille jusqu'au fond du caillou. Et pour ça, il faut un oignon. Mais vous, vous n'en avez pas. Vous êtes trop pauvre.

– Oh, il faut pas exagérer. Il y en a peut-être derrière.

Et elle s'en est allée derrière et est revenue avec un oignon. Il a épluché l'oignon, l'a piqué au bout de son couteau, l'a tourné dans le feu. Puis il l'a coupé en morceaux et l'a jeté dans la marmite. Il a tourné, goûté, tourné, goûté. Puis il a dit:

– Je me rappelle maintenant. La pierre est trop dure. L'eau ne peut pas pénétrer. Il faut aider l'eau. Pour ça, il faut de la farine. Mais vous, vous n'en avez pas. Vous êtes trop pauvre.

– Oh, il faut pas exagérer. Il y en a peut-être derrière.

Et elle s'en est allée derrière et est revenue avec un sac de farine qu'elle a mis sur la table. Lui, il a plongé sa main dans le sac et a pris une poignée de farine. Il l'a jetée en pluie sur l'eau de la marmite. Il a tourné, goûté, tourné, goûté. Puis il a dit:

– Ah, oui, je me rappelle, maintenant. L'important, c'est le beurre. Mais vous, vous n'en avez pas. Vous êtes trop pauvre.

– Oh, il faut pas exagérer. Il y en a peut-être derrière.

Et elle s'en est allée derrière et est revenue avec du beurre. Lui, il a coupé un quartier de beurre et l'a jeté dans la marmite. Il a tourné, goûté, tourné, goûté. Puis il a dit:

– Je vous invite à partager ma soupe au caillou.

– Vous m'invitez, moi? C'est moi l'invitée? Mais je suis chez moi ici!

Puis elle a souri. Elle s'en est allée, a pris bols et cuillers dans l'armoire, est revenue, et a mis bols et cuillers sur la table. Et ensemble, le soldat et la vieille ont mangé la soupe au caillou.

To be cut up

la soupe au caillou

un soldat revenait de guerre il avait faim il avait froid la nuit tombait aux alentours dun village il a vu une lumière au loin il sest approché de la maison il a frappé la porte sest ouverte cétait une vieille qui habitait là le regard hostile elle la regardé le soldat a dit vous avez un bout de pain pour un soldat qui revient de guerre encore un on nest pas riche ici il ny a même pas assez à manger pour les habitants allezvous en si vous avez faim mangez la soupe au caillou et clac elle a fermé la porte et lui il sen est allé puis tout dun coup regardant par terre il a vu un caillou devant ses pieds ça lui a donné une idée il sest baissé a ramassé le caillou sest retourné et sest rapproché de la porte de la maison il a frappé la porte sest ouverte le soldat a montré son caillou la vieille nen croyait pas ses yeux le soldat a dit vous avez une marmite deau et une place sur le feu pour cuire ma soupe au caillou la vieille la laissé entrer il a rempli une marmite deau et la mise sur le feu puis il a plongé son caillou dans leau a pris une cuiller sur la table et a tourné tourné en disant ça vous étonne hein la soupe au caillou justement cest une recette de chez nous il tournait tournait la vieille le regardait les yeux grands ouverts il a dit ah oui je me rappelle maintenant dans mon pays on dit que limportant cest que leau accueille le caillou et pour ça il faut du sel mais vous vous nen avez pas vous êtes trop pauvre oh il faut pas exagérer il y en a peutêtre derrière et elle sen est allée derrière a pris du sel sur le mur et est revenue il a jeté le sel dans la marmite et a tourné puis il a dit ah oui je me rappelle maintenant limportant cest que leau aille jusquau fond du caillou et pour ça il faut un oignon mais vous vous nen avez pas vous êtes trop pauvre oh il faut pas exagérer il y en a peutêtre derrière et elle sen est allée derrière et est revenue avec un oignon il a épluché loignon la piqué au bout de son couteau la tourné dans le feu puis il la coupé en morceaux et la jeté dans la marmite il a tourné goûté tourné goûté puis il a dit je me rappelle maintenant la pierre est trop dure leau ne peut pas pénétrer il faut aider leau pour ça il faut de la farine mais vous vous nen avez pas vous êtes trop pauvre oh il faut pas exagérer il y en a peutêtre derrière et elle sen est allée derrière et est revenue avec un sac de farine quelle a mis sur la table lui il a plongé sa main dans le sac et a pris une poignée de farine il la jetée en pluie sur leau de la marmite il a tourné goûté tourné goûté puis il a dit ah oui je me rappelle maintenant limportant cest le beurre mais vous vous nen avez pas vous êtes trop pauvre oh il faut pas exagérer il y en a peutêtre derrière et elle sen est allée derrière et est revenue avec du beurre lui il a coupé un quartier de beurre et la jeté dans la marmite il a tourné goûté tourné goûté puis il a dit je vous invite à partager ma soupe au caillou vous minvitez moi cest moi linvitée mais je suis chez moi ici puis elle a souri elle sen est allée a pris bols et cuillers dans larmoire est revenue et a mis bols et cuillers sur la table et ensemble le soldat et la vieille ont mangé la soupe au caillou

Telling and reading

L'autostoppeur fantôme

J'avais participé à un tournoi de fléchettes à Leighton Buzzard; j'étais parti vers 21h20 et je traversais Stanbridge. Environ 90 mètres après la sortie de la ville, j'ai vu une silhouette sur le côté gauche de la route en train de faire du stop. Je me suis arrêté devant lui, c'est pourquoi j'ai pu le voir passer devant les phares. Il avait un pull-over foncé, un pantalon foncé avec une chemise à col blanc ouvert. Il s'est dirigé vers la voiture et s'est assis. Il a ouvert la portière lui-même, je n'ai rien eu à faire pour ouvrir la portière. Je lui ai demandé où il allait et il a simplement montré la route, sans prononcer un seul mot. J'ai supposé qu'il allait à Dunstable ou à Totternhoe. Je roulais depuis quatre à six minutes environ, à près de 60km/h; je me suis tourné vers lui pour lui offrir une cigarette et le gars avait disparu. J'ai freiné, regardé rapidement derrière pour voir s'il était là. Il n'y était pas. Alors, j'ai serré le volant et j'ai conduit à toute vitesse. Et c'est tout, vous voyez …

To be cut up

lautostoppeur fantôme

javais participé à un tournoi de fléchettes à leighton buzzard jétais parti vers 21h20 et je traversais stanbridge environ 90 mètres après la sortie de la ville jai vu une silhouette sur le côté gauche de la route en train de faire du stop je me suis arrêté devant lui cest pourquoi jai pu le voir passer devant les phares il avait un pullover foncé un pantalon foncé avec une chemise à col blanc ouvert il sest dirigé vers la voiture et sest assis il a ouvert la portière luimême je nai rien eu à faire pour ouvrir la portière je lui ai demandé où il allait et il a simplement montré la route sans prononcer un seul mot jai supposé quil allait à dunstable ou à totternhoe je roulais depuis quatre à six minutes environ à près de 60km/h je me suis tourné vers lui pour lui offrir une cigarette et le gars avait disparu jai freiné regardé rapidement derrière pour voir sil était là il ny était pas alors jai serré le volant et jai conduit à toute vitesse et cest tout vous voyez

Telling and reading

Les mains blanches

Le maire d'une ville avait une belle fille. Elle avait trois galants, un boulanger, un boucher et un mécanicien. Elle les aimait tous et ne pouvait pas se décider pour l'un ou pour l'autre.

Alors, un jour, les trois garçons sont venus voir le père pour lui demander de choisir entre eux. Il a réfléchi et a dit qu'il donnerait sa fille à celui qui aurait les mains les plus blanches. Il leur a donné rendezvous dans trois semaines. Ils sont donc partis.

Trois semaines plus tard ils sont revenus les mains dans les poches. Il a demandé à chacun d'eux de montrer ses mains. Le boulanger a sorti ses mains le premier. Elles étaient fines et toutes blanches et sentaient toujours le savon. A son tour le boucher a sorti les mains de ses poches. Elles aussi étaient fines et même plus blanches que celles du boulanger. Puis le mécanicien a montré ses mains. Elles étaient rugueuses et portaient encore des traces de graisse et d'huile sous les ongles, mais dans chacune le mécanicien tenait une liasse de billets de banque.

Le maire s'est tourné vers le mécanicien et a dit c'est toi qui deviendra mon gendre parce que c'est toi qui a certainement les mains les plus blanches!

To be cut up

Les mains blanches

le maire dune ville avait une belle fille elle avait trois galants un boulanger un boucher et un mécanicien elle les aimait tous et ne pouvait pas se décider pour lun ou pour lautre alors un jour les trois garçons sont venus voir le père pour lui demander de choisir entre eux il a réfléchi et a dit quil donnerait sa fille à celui qui aurait les mains les plus blanches il leur a donné rendezvous dans trois semaines ils sont donc partis trois semaines plus tard ils sont revenus les mains dans les poches il a demandé à chacun deux de montrer ses mains le boulanger a sorti ses mains le premier elles étaient fines et toutes blanches et sentaient toujours le savon a son tour le boucher a sorti les mains de ses poches elles aussi étaient fines et même plus blanches que celles du boulanger puis le mécanicien a montré ses mains elles étaient rugueuses et portaient encore des traces de graisse et dhuile sous les ongles mais dans chacune le mécanicien tenait une liasse de billets de banque le maire sest tourné vers le mécanicien et a dit cest toi qui deviendra mon gendre parce que cest toi qui a certainement les mains les plus blanches

Telling and reading

L'église de Bournazel

Bournazel est un petit village qui, comme beaucoup d'autres, possède une belle église. Selon les habitants, elle n'a qu'un seul défaut, elle n'est pas au centre exact du village.

Alors, un jour beaucoup de ces braves gens se sont réunis au café pour prendre une décision réfléchie sur ce sujet qui leur donnait tant de peine.

Il y en avait qui disaient qu'ils n'y pourraient rien, et d'autres qui affirmaient le contraire.

Il faut bien dire que les habitants de Bournazel avaient la réputation de passer plus de temps dans le café que dans les champs.

Et dans le café on buvait. Si on buvait trois verres de la main droite, il fallait en boire trois autres de la main gauche, pour que la main gauche ne soit pas jalouse. Et bien sûr, il ne fallait pas oublier les pieds. Si on buvait trois verres de la main droite et trois verres de la main gauche, il fallait boire aussi trois verres du pied droit et trois verres du pied gauche. Alors, après douze verres on y voyait plus clair.

Ce jour-là, le sacristain avait bu plus que d'habitude. Il avait bu un verre pour chacun des doigts et un verre pour chacun des orteils. Mais il avait convaincu ses amis que le problème était simple. Il fallait tout simplement déplacer l'église.

Alors, le lendemain matin les hommes se sont réunis dans le café à 11 heures. Ils ont bu chacun trois verres de la main droite et puis trois verres de la main gauche. Ensuite, ils se sont dirigés vers l'église. Là, comme il faisait très chaud, ils ont tombé la veste, les ont empilées les unes sur les autres devant le porche de l'église, ont contourné l'église pour enfin mettre l'épaule contre le mur de derrière.

Après, c'était: ha! ha! ha !et hue! hue ! hue ! et ho! ho ! ho! comme chacun poussait de toutes ses forces pour bouger l'église.

Alors, il faut dire que dans la région vivait un chiffonnier du nom de Michu qui passait dans les maisons du pays pour acheter les vieux chiffons, les vieux meubles pour quelques sous. Ce jour-là, Michu est arrivé sur la place du village vers midi et a remarqué que tous les hommes s'affairaient autour de l'église. En regardant de plus près, Michu s'est aperçu des vestes qui encombraient le porche de l'église.

Sans rien dire, le chiffonnier s'est emparé de la pile de vestes et la chargée sur sa charrette. Puis il est parti en direction du village voisin.

Quelques moments après, les hommes de Bournazel, épuisés de leur travail ont décidé de se reposer.

Suant à grosses gouttes, épuisés, ils se sont effondrés devant le porche de l'église. C'est le sacristain qui s'est rendu compte le premier de la disparition de la pile de vestes. Se tournant vers ses collègues il a dit:

— Nous avons gagné, mes amis, nous avons réussi à déplacer notre chère église, mais nous sommes allés trop loin. Nous avons même réussi à enterrer nos vestes.

To be cut up

leglise de bournazel

bournazel est un petit village qui comme beaucoup dautres possède une belle église selon les habitants elle na quun seul défaut elle nest pas au centre exact du village alors un jour beaucoup de ces braves gens se sont réunis au café pour prendre une décision réfléchie sur ce sujet qui leur donnait tant de peine il y en avait qui disaient quils ny pourraient rien et dautres qui affirmaient le contraire il faut bien dire que les habitants de bournazel avaient la réputation de passer plus de temps dans le café que dans les champs et dans le café on buvait si on buvait trois verres de la main droite il fallait en boire trois autres de la main gauche pour que la main gauche ne soit pas jalouse et bien sûr il ne fallait pas oublier les pieds si on buvait trois verres de la main droite et trois verres de la main gauche il fallait boire aussi trois verres du pied droit et trois verres du pied gauche alors après douze verres on y voyait plus clair ce jour là le sacristain avait bu plus que dhabitude il avait bu un verre pour chacun des doigts et un verre pour chacun des orteils mais il avait convaincu ses amis que le problème était simple il fallait tout simplement déplacer léglise alors le lendemain matin les hommes se sont réunis dans le café à 11 heures ils ont bu chacun trois verres de la main droite et puis trois verres de la main gauche ensuite ils se sont dirigés vers léglise là comme il faisait très chaud ils ont tombé la veste les ont empilées les unes sur les autres devant le porche de léglise ont contourné léglise pour enfin mettre lépaule contre le mur de derrière après cétait ha ha ha et hue hue hue et ho ho ho comme chacun poussait de toutes ses forces pour bouger léglise alors il faut dire que dans la région vivait un chiffonnier du nom de michu qui passait dans les maisons du pays pour acheter les vieux chiffons les vieux meubles pour quelques sous ce jour là michu est arrivé sur la place du village vers midi et a remarqué que tous les hommes saffairaient autour de léglise en regardant de plus près michu sest aperçu des vestes qui encombraient le porche de léglise sans rien dire le chiffonnier sest emparé de la pile de vestes et la chargée sur sa charrette puis il est parti en direction du village voisin quelques moments après les hommes de bournazel épuisés de leur travail ont décidé de se reposer suant à grosses gouttes épuisés ils se sont effondrés devant le porche de l'église cest le sacristain qui sest rendu compte le premier de la disparition de la pile de vestes se tournant vers ses collègues il a dit nous avons gagné mes amis nous avons réussi à déplacer notre chère église mais nous sommes allés trop loin nous avons même reussi à enterrer nos vestes

Telling and reading

Evasion

A 10.30 sur l'héliport d'Issy-les-Moulineaux, un pilote d'hélicoptère précédait ses deux clients vers son appareil. C'était deux hommes, très bien habillés, et très sportifs, qui portaient chacun une mallette. Ils avaient demandé au pilote de les conduire à Orléans.

L'un d'eux, un jeune cadre (qui avait peut-être 35 ans), avait déjà fait deux fois le voyage depuis le début de février et il était sans doute quelqu'un de très important dans une grosse société. Aller de Paris à Orléans en hélicoptère coûte très cher.

Une fois montés dans l'hélicoptère, les deux hommes ont sorti des armes de leurs mallettes.

– Cap sur Fleury-Mérogis! a ordonné le jeune homme.

– On va aider deux copains à se tirer! Obéis, sinon, gare à ta femme et à ta gosse, on les tient en ôtages …

(C'était faux: personne ne menaçait la famille du pilote, mais il avait deux armes braquées sur lui, il avait peur pour lui et pour sa famille: il était sûr qu'ils allaient le tuer).

Bientôt, l'hélicoptère survolait la prison de Fleury-Mérogis. On voyait distinctement l'hexagone de la prison, les bâtiments en étoile, les aires de sports et de loisirs. Le pilote a reçu l'ordre de descendre sur le terrain de football.

Sur le terrain, des détenus couraient, se passaient des ballons. Le pilote a fait son point fixe près d'une pile de survêtements rouges et a atterri.

Un des hommes a ouvert la portière, a tiré un coup de feu en l'air, puis deux hommes ont sauté dans la carlingue.

– Direction Porte d'Orléans, a ordonné le jeune homme.

L'hélicoptère a volé en rase-mottes pour éviter le radar et s'est posé sur le stade d'un CES près de la Porte d'Orléans. Un des élèves qui trottinaient autour du terrain de foot a décrit comment quatre hommes avaient sauté de la cabine et étaient partis en courant vers une voiture, une R16 verte, qui les attendait avec un homme au volant.

To be cut up

evasion

a 10.30 sur lhéliport dissylesmoulineaux un pilote dhélicoptère précédait ses deux clients vers son appareil cétait deux hommes très bien habillés et très sportifs qui portaient chacun une mallette ils avaient demandé au pilote de les conduire à orléans lun deux un jeune cadre qui avait peutêtre 35 ans avait déjà fait deux fois le voyage depuis le début de février et il était sans doute quelquun de très important dans une grosse société aller de paris à orléans en hélicoptère coûte très cher une fois montés dans lhélicoptère les deux hommes ont sorti des armes de leurs mallettes cap sur fleurymérogis a ordonné le jeune homme on va aider deux copains à se tirer obéis sinon gare à ta femme et à ta gosse on les tient en ôtages cétait faux personne ne menaçait la famille du pilote mais il avait deux armes braquées sur lui il avait peur pour lui et pour sa famille il était sûr quils allaient le tuer bientôt lhélicoptère survolait la prison de fleurymérogis on voyait distinctement lhexagone de la prison les bâtiments en étoile les aires de sports et de loisirs le pilote a reçu lordre de descendre sur le terrain de football sur le terrain des détenus couraient se passaient des ballons le pilote a fait son point fixe près dune pile de survêtements rouges et a atterri un des hommes a ouvert la portière a tiré un coup de feu en lair puis deux hommes ont sauté dans la carlingue direction porte dorléans a ordonné le jeune homme lhélicoptère a volé en rasemottes pour éviter le radar et sest posé sur le stade dun ces près de la porte dorléans un des élèves qui trottinaient autour du terrain de foot a décrit comment quatre hommes avaient sauté de la cabine et étaient partis en courant vers une voiture une r16 verte qui les attendait avec un homme au volant

Level 3 (Advanced)

Suggested Strategies

Stories:

- *Le tailleur*
- *Ici 1, Ici 2*
- *Petronella*

Texts:

- *Agriculteur le jour, cambrioleur la nuit*
- *Fillette écrasée*

Each story appears in a regular print format for oral storytelling by the teacher and reading by the students.

Suggested Strategies

If you are interested in engaging your most advanced students in telling and making their own stories, you can modify some of the strategies suggested for the earlier Levels (p. 10 *et seq.*)

Structuring Stories

The following approach is based on Propp's morphology of folk tales. Caré and Debyser (see '**Further Reading**', p. 126) modified Propp's schema to create a structure for the stories and list a set of questions the answers to which will yield a **folk tale/fairy story**:

> *Choisissez et décrivez un personnage qui sera le héros de votre histoire.*
>
> *Imaginez ce qu'il désire, ou ce qu'il lui manque pour être heureu.*
>
> *Racontez comment le héros reçoit des conseils ou des renseignements.*
>
> *Racontez comment il part à l'aventure.*
>
> *En chemin, le héros rencontre un ami.*
>
> *Imaginez les épreuves ou les obstacles que le héros doit surmonter en chemin.*
>
> *Le héros parvient finalement au but de son voyage. Décrivez ce lieu.*
>
> *C'est là qu'habite l'adversaire du héros. Imaginez-le.*
>
> *Le héros est d'abord vaincu par son ennemi.*
>
> *Racontez comment l'ami du héros l'aide.*
>
> *Racontez comment le héros affronte une deuxième fois son ennemi, cette fois victorieusement, et s'empare de ce qu'il est venu chercher.*
>
> *Le héros rentre chez lui. Racontez la fin de l'histoire.*

This schema can be used by individual students, pairs or groups.

Elaborating Stories

In this activity you tell a story, leaving the class to elaborate when invited to do so:

> *'Il était une fois un roi qui s'appelait ...* **Quel était son nom?** *Alors, le roi X... avait une fille qui s'appelait ...* **Quel était son nom? Elle avait quel âge? Comment était-elle?** etc.

The students can respond to the questions, discuss the suggestions and agree on a common story or not. At the completion of the exercise the students can tell/write their versions.

Le jeu espagnol

Tell the students: 'You are in a **forest**, following a **path**'.

Ask them to describe the forest/the path (light, dark, difficult, easy, frightening ?etc.)

Tell them: 'You find a **bottle**.'

Ask them to describe it (empty/full, contents? etc.)

Tell them: 'You find a **key**'

Ask them to describe it (What do they do with it?)

Tell them: 'You come to a **wall**, completely blocking your path. What is on the other side?

When the students have told their versions, they can be asked to interpret the symbols: **forest, path, bottle, key, wall**.

Finally, they can be told that in the Spanish version: **forest = life; path = their life; bottle = love; key = knowledge; and, wall = death**

Modified Cloze

The following activity mixes oral and cloze procedures. Students working in pairs receive the gapped text (without the numbers). You read aloud the underlined text and ask questions, offering suggestions, if necessary, at each numbered gap. Listen to the various answers, shaping them, if necessary, to fit the structure. The students discuss their answers and write down their version. The activity can be carried out as a class exercise before each pair decides on its version.

Possible Oral/Cloze Text

The numbers refer to the questions below, which you can ask as you go through the text. The questions are only a guide to what you might ask. You should modify them to suit your students. The answers to the questions do not slot neatly into the gaps! You will have to be flexible in your approach.

Il était une fois (1: **héros**) *qui vivait dans* (2: **habitation**) *près de* (3: **lieu/description**). (4: **héros/description**) *était* (5: **caractère**) *mais* (6: **manque**).

Un jour pendant que (7: **héros/action**) *dans* (8: **lieu**), (1: **héros**) *a rencontré* (9: **rencontre/ami**) *qui lui a dit d'aller* ... (10: **lieu**), *chercher sa fortune*. (11: **préparatifs/départ**).

Après avoir voyagé (12: **durée**), (1: **héros**) *est tombé sur* (13: **rencontre/ami**) *en difficulté*. (1: **héros**) *a aidé* (13: **rencontre/ami**) (14: **problème**), *puis* (1: **héros**) *est parti*.

En route pour (10: **lieu**), (1: **héros**) *a dû surmonter deux obstacles:* (15: **obstacles**); (16: **obstacles**).

Finalement, (1: **héros**) *est arrivé au but de son voyage* (17: **lieu/description**).

Tout d'un coup (18: **adversaire**) *s'est lancé sur* (1: **héros**) *Après une lutte féroce de* (12: **durée**), (18: **adversaire**) *est reparti, laissant* (1: **héros**) (19: **état**) *Heureusement* (13: **rencontre/ami**) *est apparu qui* (20: **ami/action**). *Aidé par* (13: **rencontre/ami**), (1: **héros**) *a cherché* (18: **adversaire**) *et* (21: **action/ami**). (22: **fin**)

Possible Questions

Possible questions and prompts might take the following form:

(1) *Qui est votre héros? Quel est son nom? Que fait-il dans la vie? Paysan? Princesse?*
(2) *Où habite cette personne? Dans un château, une cave?*
(3) *Où se trouve son habitation? Décrivez le lieu!*
(4) *Décrivez votre héros: son âge, sa taille etc.*
(5) *Quel est son caractère? Courageux? impulsif?*
(6) *Qu'est-ce qui lui manque? richesses? courage? mari / femme / enfants?*
(7) *Le jour de sa rencontre, où était-il?*
(8) *Que faisait-il là*
(9) *Il a rencontré qui?*
(10) *Où est-ce qu'il doit aller chercher sa fortune?*
(11) *Décrivez ses préparatifs de départ!*

(12) *Quelle durée?*

(13) *La chance a voulu qu'il rencontre — qui? quoi? une personne? un animal?*

(14) *Cette personne / cet animal était en difficulté? Décrivez sa situation difficile. Comment est-ce que votre héros l'a aidé?*

(15) *Décrivez le premier obstacle!*

(16) *Décrivez le deuxième obstacle!*

(17) *Décrivez le lieu!*

(18) *Décrivez son adversaire! Un serpent? un géant?*

(19) *Comment se trouvait votre héros après la lutte?*

(20) *Qu'est-ce que son ami a fait?*

(21) *Comment est-ce qu'il a aidé votre héros à réussir?*

(22) *Racontez la fin de l'histoire!*

You can modify the text to suit your students. You can adapt the questions and prompts as you wish.

Stories and Texts for Level 3

Stories

Le tailleur is a traditional story about stories which presents opportunities for speculating about the next item of clothing to be made from the last before continuing with the story. Students can also be invited to invent alternative stories, using other crafts and their products.

Petronella is a liberated fairy story and can be told with pauses at critical points in the action to invite the students to anticipate how the story continues. The story can be retold later as an unreconstructed fairy tale of traditional type.

Ici 1, Ici 2 is a modern folk tale. During the telling the students can be invited to make notes for a plan of the route taken. The routes can be compared and corrected. Alternative versions might feature different routes past different buildings — estate agents, betting shops, chemists/herbalists etc. — with the students inventing descriptions to match those in the story.

Texts

Agriculteur le jour, cambrioleur la nuit is a newspaper report. It might be cut up into paragraphs distributed one (or more) per student to prepare in advance/in class/with the French assistant/with a view to telling the story of the paragraph to each of the others. After exchanging their stories, the students could try to give an oral account of the whole story. After seeing the printed text, the students could attempt the story from the point of view of each/any of the participants.

Une fillette de 6 ans écrasée is also a newspaper report. The photograph could be cut up (without the caption) and the sections distributed one to each member of the class/group. Without seeing the other students' picture sections, each could describe what they have and speculate on its significance for the whole. When the descriptions are complete the students could assemble the photograph and speculate:

- whether the scene is from a film or real life;
- how the events depicted could have taken place.

- Their versions can be checked against the printed news item.

Alternatively, the students in groups can be shown the whole photograph (minus the caption) and asked to create stories around the following outline:

- *Ville; domicile; chaussée; fillette*
- *Circulation intense; deux voitures*
- *Choc; heurtée; projetée*
- *Pompiers; hôpital*

The students' stories could then be compared with the news item.

Le tailleur

Il était une fois un petit tailleur. Il travaillait dans sa boutique dans le château du roi. Il était surtout respecté pour la qualité des vêtements qu'il faisait.

Un jour qu'il travaillait dans sa boutique, il a entendu frapper à la porte: c'était le roi, accompagné d'un serviteur qui portait un rouleau de tissu.

Le roi a dit:

– Tu fais des habits superbes mais, toi, tu es toujours mal habillé. Personne ne me croit quand je leur dis que c'est toi qui fais tous les beaux vêtements que je porte. Il faut que ça change. Prends ce tissu et fais-toi quelque chose qui soit digne du tailleur du roi.

– Merci, Majesté, a répondu le tailleur en lui adressant un salut profond.

Le tailleur a étalé le tissu sur sa table, l'a regardé longuement, se demandant ce qu'il pourrait en faire. Tout d'un coup il s'est écrié,

– Je pourrais toujours en faire un manteau: je m'en ferai un beau manteau! Et puis, coupant, épinglant, bâtissant et cousant jusque tard dans la nuit, il s'est fait un beau manteau.

Le tailleur n'avait jamais pu s'offrir un aussi beau manteau. Il en était si fier qu'il le portait presque tous les jours, été comme hiver, année après année. Il se passait rarement un jour sans qu'on lui dise:

– Que vous êtes beau aujourd'hui! Quel beau manteau! Et le tailleur murmurait «Merci» et inclinait la tête pour marquer son plaisir.

Bien sûr, au fil du temps, le manteau a commencé à s'user — au col, à la ceinture, aux manches, aux coudes et aux poches. Il avait beaucoup servi, il fallait le jeter.

Le tailleur a étalé le manteau sur la table et l'a regardé longuement, se demandant ce qu'il pourrait en faire. Tout d'un coup il s'est écrié,

– Je pourrais toujours en faire une belle veste: je m'en ferai une belle veste! Et puis, coupant, épinglant, bâtissant et cousant jusque tard dans la nuit, il s'est fait une belle veste.

Le tailleur n'avait jamais pu s'offrir une aussi belle veste. Il en était si fier qu'il la portait presque tous les jours, été comme hiver, année après année. Il se passait rarement un jour sans qu'on lui dise:

– Que vous êtes beau aujourd'hui! Quelle belle veste! Et le tailleur murmurait «Merci» et inclinait la tête pour marquer son plaisir.

Bien sûr, au fil du temps, la veste a commencé à s'user — au col, aux manches, aux coudes et aux poches. Elle avait beaucoup servi, il fallait la jeter.

Le tailleur a étalé la veste sur sa table, l'a regardée longuement, se demandant ce qu'il pourrait en faire. Tout d'un coup il s'est écrié,

— Je pourrais toujours en faire un gilet: je m'en ferai un beau gilet! Et puis, coupant, épinglant, bâtissant et cousant jusque tard dans la nuit, il s'est fait un beau gilet.

Le tailleur n'avait jamais pu s'offrir un aussi beau gilet. Il en était si fier qu'il le portait presque tous les jours, été comme hiver, année après année. Il se passait rarement un jour sans qu'on lui dise:

— Que vous êtes beau aujourd'hui! Quel beau gilet! Et le tailleur murmurait «Merci» et inclinait la tête pour marquer son plaisir.

Bien sûr, au fil du temps, le gilet a commencé à s'user. Il avait beaucoup servi, il fallait le jeter.

Le tailleur a étalé le gilet sur sa table, l'a regardé longuement, se demandant ce qu'il pourrait en faire. Tout d'un coup il s'est écrié,

— Je pourrais toujours en faire une casquette: je m'en ferai une belle casquette. Et puis, coupant, épinglant, bâtissant et cousant jusque tard dans la nuit, il s'est fait une belle casquette.

Le tailleur n'avait jamais pu s'offrir une aussi belle casquette. Il en était si fier qu'il la portait presque tous les jours, été comme hiver, année après année. Il se passait rarement un jour sans qu'on lui dise:

— Que vous êtes beau aujourd'hui! Quelle belle casquette! Et le tailleur murmurait «Merci» et inclinait la tête pour marquer son plaisir.

Bien sûr, au fil du temps, la casquette a commencé à s'user. Elle avait beaucoup servi, il fallait la jeter.

Le tailleur a étalé la casquette sur sa table, l'a regardée longuement, se demandant ce qu'il pourrait en faire. Tout d'un coup il s'est écrié,

— Je pourrais toujours en faire une cravate: je m'en ferai une belle cravate. Et puis, coupant, épinglant, bâtissant et cousant jusque tard dans la nuit, il s'est fait une belle cravate.

Le tailleur n'avait jamais pu s'offrir une aussi belle cravate. Il en était si fier qu'il la portait presque tous les jours, été comme hiver, année après année. Il se passait rarement un jour sans qu'on lui dise:

— Que vous êtes beau aujourd'hui! Quelle belle cravate! Et le tailleur murmurait «Merci» et inclinait la tête pour marquer son plaisir.

Bien sûr, au fil du temps, la cravate a commencé à s'user. Elle avait beaucoup servi, il fallait la jeter.

Le tailleur a étalé la cravate sur sa table, l'a regardée longuement, se demandant ce qu'il pourrait en faire. Tout d'un coup il s'est écrié,

– Je pourrais toujours en faire une ceinture: je m'en ferai une belle ceinture. Et puis, coupant, épinglant, bâtissant et cousant jusque tard dans la nuit, il s'est fait une belle ceinture.

Le tailleur n'avait jamais pu s'offrir une aussi belle ceinture. Il en était si fier qu'il la portait presque tous les jours, été comme hiver, année après année. Il se passait rarement un jour sans qu'on lui dise:

– Que vous êtes beau aujourd'hui! Quelle belle ceinture! Et le tailleur murmurait «Merci» et inclinait la tête pour marquer son plaisir.

Bien sûr, au fil du temps, la ceinture a commencé à s'user. Elle avait beaucoup servi, il fallait la jeter.

Le tailleur a étalé la ceinture sur sa table, l'a regardée longuement, se demandant ce qu'il pourrait en faire. Tout d'un coup il s'est écrié,

– Je pourrais toujours en faire un bouton: je m'en ferai un beau bouton. Et puis, coupant, épinglant, bâtissant et cousant jusque tard dans la nuit, il s'est fait un beau bouton.

Le tailleur n'avait jamais pu s'offrir un aussi beau bouton. Il en était si fier qu'il le portait presque tous les jours, été comme hiver, année après année. Il se passait rarement un jour sans qu'on lui dise:

– Que vous êtes beau aujourd'hui! Quel beau bouton! Et le tailleur murmurait «Merci» et inclinait la tête pour marquer son plaisir.

Bien sûr, au fil du temps, le bouton a commencé à s'user. Il avait beaucoup servi, il fallait le jeter.

Le tailleur a mis le bouton sur sa table, l'a regardé longuement, se demandant ce qu'il pourrait en faire. Tout d'un coup il s'est écrié,

– Je pourrais toujours en faire une histoire: je m'en ferai une belle histoire!

Et c'est l'histoire que je viens de vous raconter!

Ici 1, Ici 2

Cette histoire, c'est l'histoire de mon oncle. Il s'appelait Moi-même et il habitait dans une ville qui s'appelait Ici. Et cette histoire, elle s'est passée hier-demain.

Mon oncle en avait marre de vivre une vie ordinaire. Il voulait faire quelque chose d'extraordinaire. Il cherchait une aventure qu'il pourrait raconter, où tout le monde voudrait l'écouter. Il avait entendu parler d'une ville extraordinaire qui s'appelait Ailleurs. Alors, un jour il a décidé d'y aller.

Il a mis ses chaussures du dimanche. Il est sorti sur le palier, il est descendu en bas de l'immeuble, au 22 de l'avenue du général Leclerc, il est arrivé dans l'avenue du général de Gaulle, il est allé jusqu'au bout de l'avenue du général de Gaulle, il est arrivé place de la République. Il a fallu traverser la place de la République et faire le tour. Il est passé devant une banque, devant la pâtisserie Chocolat, devant une banque, devant la charcuterie Salami, devant une banque, devant le commissariat Tu seras pris, devant les avocats On va tout arranger. Il est arrivé dans la rue Victor Hugo. Il n'était jamais allé rue Victor Hugo. Alors, il a repris son souffle et puis il s'y est engagé.

Quand il est arrivé au bout de la rue Victor Hugo, il a vu un panneau. Sur le panneau, il était écrit 'La ville d'Ici vous remercie de votre visite et souhaite vous revoir bientôt'. Alors, mon oncle a levé le pied et hop! il est passé de l'autre côté, il est sorti de la ville d'Ici.

Il marchait et regardait autour de lui et tout ce qu'il voyait était exactement pareil à ce qu'il avait quitté. Alors, il fallait regarder très attentivement pour ne pas se tromper de direction, et pour bien aller là, où il voulait aller. C'était fatigant de marcher et de regarder.

Tout d'un coup, il s'est senti épuisé. Il fallait dormir. Devant lui il y avait un banc. Il s'est assis sur le banc, puis il s'est allongé pour dormir. Mais, avant de s'endormir, il a quitté ses souliers et les a mis sous le banc dans la direction dans laquelle il voulait repartir en se réveillant. Et il s'est endormi.

Le lendemain matin, il s'est réveillé. Il se sentait reposé. Il pourrait continuer. Ses chaussures étaient là, où il les avait mises la veille. Ou, plutôt, elles étaient là, où il croyait les avoir mises avant de s'endormir. Mais pendant la nuit un balayeur était passé et avait tourné les chaussures dans l'autre sens avec son balai.

Mon oncle s'est levé et s'est mis en route. Et plus il marchait, plus il semblait reconnaître les maisons et les magasins qu'il voyait. Tout d'un coup, il a vu un panneau devant lui qui portait la légende, 'La ville d'Ici est heureuse de vous accueillir et vous souhaite un bon séjour parmi nous'. Alors, il s'est dit: «Il y a deux villes qui s'appellent Ici, Ici 1, d'où je suis parti, et Ici 2, où je suis arrivé. J'ai fait une découverte extraordinaire! Ça, je pourrai raconter!»

Alors, il est rentré dans Ici 1. La première chose qu'il a vue, c'était la rue Victor Hugo. Il lui semblait qu'elle était exactement pareille à la rue Victor Hugo qu'il avait quittée la veille.

Quand il est arrivé au bout de la rue Victor Hugo, il est arrivé à la place de la République: il y avait une banque, la charcuterie Salami, une autre banque, la pâtisserie Chocolat, une autre banque, le commissariat Tu seras pris, une autre banque, les avocats On va tout arranger, une autre banque. Il s'est dit: «C'est plein de banques ici! Il y a les mêmes rues, les mêmes magasins, les mêmes maisons. Je suis sûr qu'il y a les mêmes gens. Je vais découvrir moi aussi.»

Alors, il est parti comme une flèche. Il a traversé l'avenue du général de Gaulle. Il est arrivé dans l'avenue du général Leclerc. Il est allé jusqu'au 22. Il y avait exactement le même immeuble que celui qu'il habitait. Il y avait une boîte aux lettres où c'était marqué: 'M et Mme Moi-même'. Il a grimpé les escaliers jusqu'au quatrième. Il y avait une porte et sur la porte c'était marqué: 'M et Mme Moi-même', exactement la même porte que celle où il habitait.

Il a appuyé sur la sonnette. Il a sonné. Il a entendu:

– Allez ouvrir, les enfants'.

Puis, il a entendu:

– On ne peut pas. On n'a pas fini de revoir nos leçons.

– Oui, oui, oui. Il faut regarder la télévision.

Tout d'un coup, la porte s'est ouverte. Une femme, exactement comme la sienne, avec un tablier, a paru. Elle s'essuyait les mains sur son tablier et elle lui disait:

– Mais, où est-ce que tu es allé?

Et il lui a dit:

– Je sais que je ressemble beaucoup à votre mari, mais vous n'êtes pas ma femme et je ne suis pas votre mari. Il y a deux villes Ici, qui s'appellent Ici 1 et Ici 2. Moi, je suis d'Ici 1, et vous, vous êtes dans Ici 2. Je suis parti d'Ici 1 et je suis arrivé dans Ici 2 et j'ai découvert qu'il y a deux villes. Il y a les mêmes rues, les mêmes magasins et les mêmes gens. Ils font les mêmes choses au même moment. Je peux vous expliquer: votre mari, il est parti à 2h30, exactement au même moment que moi. Et pendant que je suis en train de discuter avec sa femme, il est en train de discuter avec la mienne. Et moi, je préfère être à ma place qu'à la sienne.

Elle n'a rien dit. Il a dit:

– C'est pas triste, c'est pas triste. Nous vivons une aventure extraordinaire.

Elle a dit:

– Vous voulez du café?

Il a dit:

– Pourquoi pas? J'ai le temps.

Et il est rentré dans l'appartement. Elle lui a fait un café, le meilleur qu'il ait jamais bu. Puis, il en a bu un second. Elle a dit: 'Puisque vous ne savez pas où vous allez, vous voulez rester à manger?' Et il s'est dit: «Pourquoi pas? Elle a l'air beaucoup mieux que la mienne.»

Et il a mangé, il a mangé.

Le soir, quand les enfants ont été couchés, ils sont restés là, tous les deux, l'un à côté de l'autre. Elle lui a donné à boire. Il s'est dit: «Elle est beaucoup mieux que la mienne. Elle a l'air beaucoup plus gentille. Jamais la mienne ne m'aurait donné à boire comme ça.» Et plus il la regardait, plus il la trouvait belle, plus il trouvait qu'elle ressemblait à la femme qu'il avait épousée il y a de nombreuses années.

Il s'est rapproché d'elle. Il l'a embrassée. Ils ont passé la nuit ensemble. Le lendemain matin, en se réveillant, il s'est dit: «J'ai compris. Je m'enfous de celui qui est à Ici 1. Il faut qu'il reste avec la femme que j'ai quittée. Moi, je reste à Ici 2. Ici 2, c'est mieux.» Et voilà ce qu'il a décidé. Il est resté à Ici 2.

Et vous, si vous n'êtes pas content de ce qui se passe à Ici 1, vous n'avez qu'à prendre vos souliers, les chausser, vous en aller, attendre qu'un balayeur les ait retournés, les rechausser, rentrer et, vous allez voir, Ici 2, c'est beaucoup mieux.

Petronella

Il était une fois un royaume où, de temps immémorial, des reines successives donnaient naissance à trois fils dont l'aîné s'appelait Michel, le cadet, Jean et le benjamin, Pierre. Devenus grands, les trois fils montaient à cheval, disaient au revoir à leurs parents et quittaient le royaume à la recherche d'une princesse et de la fortune. Mais le hasard voulait que ce soit toujours le benjamin qui revienne avec une princesse qu'il avait sauvée et la fortune qu'il avait faite. (Voilà la raison pour laquelle tous les rois s'appelaient Pierre). Et les deux autres princes? Ils se perdaient toujours sans laisser de trace.

C'était toujours comme ça, exception faite du règne du roi Pierre 21 et de la reine Marguerite. Ils avaient eu comme d'habitude trois princes, mais, à cette différence près: le troisième prince était une princesse.

Vous comprenez bien, le roi et la reine n'étaient pas contents:

– On peut pas l'appeler Pierre, ça serait absurde: on l'appellera Petronella, a dit le roi.

Les trois enfants sont devenus grands à leur tour et le jour de leur départ est arrivé. Les princes Michel et Jean sont montés à cheval et étaient sur le point de dire au revoir à leurs parents quand la princesse Petronella est arrivée, à cheval, elle aussi. Elle avait mis son plus beau costume de voyage et portait une épée à la ceinture. Son père était furieux mais elle lui a dit:

– Je n'ai pas la moindre intention de rester à la maison pendant que mes frères partent à l'aventure. S'il le faut, je libérerai un prince moi-même. Ce disant elle est partie avec ses frères.

A la tombée de la nuit ils sont arrivés au croisement de trois chemins, à l'entrée d'une forêt immense et sombre. Ils ne savaient pas quel chemin prendre. Au croisement se trouvait un vieil homme, tout couvert de poussière et de toiles d'araignées.

Le prince Michel lui a demandé:

– Où mènent ces trois chemins? Et le vieil homme a répondu:

– Le premier mène au château de Batz, le deuxième à la ville de Gratz, et le troisième à la maison de l'enchanteur. Et ça fait une.

– Qu'est-ce que vous voulez dire par là: ça fait une? a demandé le prince étonné.

– Ça veut dire que je suis ici depuis 62 ans et que je dois répondre à une question par voyageur qui passe. Et ça fait deux maintenant, a expliqué le vieil homme.

La princesse, qui au fond avait bon coeur, lui a demandé:

— Est-ce que je peux vous aider d'une façon ou d'une autre?

— Vous l'avez déjà fait: vous avez posé la seule question qui me libère. Maintenant vous pouvez me poser toutes les questions que vous voulez, a répondu le vieillard.

— Alors, où est-ce que je peux trouver un prince?

— Pour trouver un prince, il faut aller à la maison de l'enchanteur, M. Albion, il en a un chez lui. Mais c'est dangereux. Vous pourriez lui demander un travail et il vous donnera une tâche à accomplir. Si vous y réussissez, tant mieux pour vous; si non, il vous tuera.

— Encore une question: si je veux aller secourir un prince, comment est-ce que je m'y prends-je manque de pratique dans ce genre d'affaires.

— Il y a trois secrets qui vous aideront. Vous demanderez du travail à l'enchanteur et il vous donnera trois tâches à accomplir. Vous pourriez demander une récompense pour chaque tâche. Il faut lui demander un peigne pour vos cheveux, un miroir pour votre visage et une bague pour votre doigt.

— Et qu'est-ce que je dois faire de tous ces objets?

— Comment voulez-vous que je le sache, moi? Mais je sais que ces objets-là vous seront indispensables.

— Tout ça n'a pas l'air facile, a dit Petronella poussant un grand soupir.

— Tout ce qu'on désire vraiment n'est pas facile. J'ai dû attendre 62 ans pour gagner ma liberté, a dit le vieil homme.

La princesse a dit au revoir à ses deux frères, est montée à cheval et est partie en direction de la maison de l'enchanteur qui se trouvait au bout du troisième chemin.

Bientôt elle s'est trouvée devant une maison entourée de jardins, d'écuries, de vergers pleins de fruits. Sur une pelouse devant la maison la princesse a remarqué un beau jeune homme. Elle lui a adressé la parole:

— C'est bien ici chez l'enchanteur, s'il vous plaît?

— Je crois bien que oui; oui, j'en suis certain.

— Et qui êtes-vous?

— Je suis le prince Ferdinand. Mais est-ce que vous auriez la gentillesse de vous déplacer un peu? Je suis en train de prendre un bain de soleil et vous me cachez le soleil.

– Vous n'avez pas l'air d'un vrai prince.

– C'est curieux, mais c'est exactement ce que dit mon père.

A ce moment la porte de la maison s'est ouverte et M. Albion, l'enchanteur, s'est approché d'eux. Il était grand et maigre et vêtu de noir et d'argent. Il avait les yeux noirs comme un nuage portant la foudre. En voyant la princesse, il lui a fait une révérence polie et lui a demandé:

– Qu'y a-t-il pour votre service, mademoiselle?

– Je voudrais travailler pour vous, a-t-elle dit sans ambages.

– Je ne peux pas vous refuser. Mais c'est dangereux. Je vous donnerai une tâche ce soir, et si vous y réussissez, vous serez récompensée, si non, vous mourrez. Ça vous va?

– Forcément. Quand le vin est tiré, il faut le boire, a répondu la princesse sagement.

Ce soir-là ils ont dîné ensemble dans la cuisine de l'enchanteur. Après dîner l'enchanteur l'a menée dans un chenil en brique d'où venait un bruit épouvantable d'aboiements et de rugissements.

Il a ouvert la porte en disant:

– Vous allez garder mes chiens pendant la nuit, a fermé la porte à clé et est parti.

A l'entrée de Petronella, sept énormes chiens ont bondi sur elle aboyant et la menaçant, la gueule ouverte. Mais Petronella était de la trempe des vraies princesses et, au lieu de se laisser intimider, elle s'est approchée du plus grand et, lui murmurant des paroles apaisantes à l'oreille, a commencé à lui caresser la tête:

– Vous vous sentez seuls, alors je reste et je vous tiendrai compagnie.

Bientôt elle s'est trouvée entourée de tous les chiens et elle a passé la nuit à leur parler et à les caresser.

Le lendemain matin, quand l'enchanteur a ouvert la porte du chenil, tous les chiens dormaient paisiblement:

– Vous avez montré du courage. Si vous aviez paniqué, ils vous auraient mise en pièces. Alors, qu'est-ce que je vous donne en récompense?

– Je voudrais un peigne, s'il vous plaît.

L'enchanteur lui a donné un beau peigne taillé dans du bois noir.

Pendant ce temps le prince prenait un bain de soleil et faisait des mots-croisés. Petronella lui a dit à voix basse:

– Je fais tout ceci pour vous.

– C'est gentil. Mais est-ce que vous connaissez un mot de sept lettres voulant dire «égoiste»?

– C'est vous, a-t-elle fait d'un ton brusque. Puis, elle s'est tournée vers l'enchanteur:

– Je ferai encore un travail pour vous.

– Alors, cette nuit, vous allez garder mes chevaux. Et l'enchanteur l'a menée dans une grande écurie où sept magnifiques chevaux ont commencé immédiatement à s'ébrouer, à se cabrer et à piétiner le sol de leurs sabots. Puis, l'enchanteur est sorti en fermant la porte à clé derrière lui. Petronella s'est aperçue qu'ils avaient tous la crinière tout enchevêtrée, la robe mal soignée et la queue pleine de bardanes.

Alors, elle est allée chercher du foin et a fait manger les chevaux à leur faim. Puis, armée d'une brosse et d'un peigne, elle s'est mise à les panser. La nuit durant elle leur a donné à manger et les a pansés.

Quand, le lendemain matin, l'enchanteur est entré, les sept chevaux se tenaient paisiblement dans leur stalle.

– Vous êtes aussi gentille que courageuse. Si vous aviez pris la fuite, ils vous auraient tuée à coups de sabots. Qu'est-ce que je vous donne en récompense? a-t-il dit.

– Je voudrais un miroir, s'il vous plaît.

Pendant ce temps elle regardait le prince qui faisait sa gymnastique sans conviction; elle le trouvait beau. Quant au prince, il ne s'occupait pas de Petronella.

– Je ferai encore un travail pour vous, a-t-elle dit.

– Bien, cette fois vous allez garder mes faucons.

Cette nuit l'enchanteur l'a enfermée dans une cage où se trouvaient sept aigles féroces qui, à la vue de Petronella, ont commencé à battre des ailes et à crier à tue-tête. Petronella a ri aux éclats:

– C'est pas comme ça qu'il faut chanter! Ecoutez bien! et elle leur a chanté une berceuse charmante de sa voix douce. Un à un, les aigles se sont tus et ont écouté.

Le lendemain l'enchanteur a dit:

– Vous êtes non seulement gentille et courageuse, mais vous avez du talent. Si vous aviez essayé de vous sauver, ils vous auraient déchiquetée. Qu'est-ce que je vous offre en récompense?

– Je voudrais une bague, s'il vous plaît. L'enchanteur lui a donné une bague taillée dans un gros diamant.

Petronella a dormi profondément toute la journée et la nuit suivante, tellement elle avait sommeil. En se réveillant, elle s'est vite habillée et s'est glissée dans la chambre du prince. Le prince dormait comme un loir, ronflant légèrement dans un pyjama pourpre. Elle l'a réveillé.

– Qu'est-ce qu'il y a? a-t-il demandé, quelle heure est-il?

– Je viens vous libérer, a dit Petronella.

– Me libérer? Mais de quoi? Ça me plaît ici.

– A en juger par ce que vous dites, vous ne pensez pas comme un prince, a dit la princesse d'un ton bourru, levez-vous! Et que ça saute!

Le prince s'est levé en grommelant et Petronella l'a poussé dehors vers l'écurie. Elle l'a fait monter sur son cheval, et prenant les rênes dans ses mains, s'est hissée sur la selle de son propre cheval et tirant le prince derrière elle, est partie au galop en direction de son pays natal.

Ils avaient à peine fait deux kilomètres, qu'ils ont entendu derrière eux un grognement terrible, comme l'approche d'une tempête violente. La princesse s'est retournée pour mieux voir: c'était l'enchanteur qui s'approchait à pas de géant.

– Qu'est-ce qu'on va faire? a-t-elle demandé d'un ton désespéré.

– Comment voulez-vous que je le sache, moi? a répondu le prince avec mauvaise humeur, cette balade à cheval me tord les tripes.

Heureusement la princesse a pensé au peigne que l'enchanteur lui avait donné. Elle l'a pris et l'a jeté derrière eux. En un clin d'oeil une forêt s'est élevée entre eux et l'enchanteur. Mais celui-ci s'est transformé en hâche et s'est vite frayé un chemin vers eux.

La princesse a pris le miroir dans sa poche et l'a jeté derrière eux. Le miroir s'est transformé en lac mais l'enchanteur s'est changé en saumon, a traversé le lac, en est ressorti et s'est remis à leur poursuite.

La princesse a pris la bague et l'a jetée derrière eux. Rien ne s'est passé mais, au moment où l'enchanteur sautait par-dessus la bague, elle s'est ouverte toute grande et lui a serré les bras comme un étau.

– Le voilà fichu, a dit le prince, bon débarras.

– Mais on ne peut pas le laisser mourir comme ça, a dit la princesse et elle s'est approchée de l'enchanteur:

–Si je vous libère, a-t-elle commencé, est-ce que c'est promis que vous libérerez le prince?

– Libérer le prince? a demandé l'enchanteur stupéfié, mais je suis très heureux de m'être débarrassé de lui.

– Mais, vous le gardiez en captivité! a dit la princesse étonnée.

– Pas du tout! a répondu l'enchanteur, il est venu passer le weekend chez moi et, puis au bout du weekend il m'a demandé s'il pouvait rester encore quelques jours. On ne peut pas être désobligeant envers ses invités. Alors, je n'ai pas pu le chasser. Dieu sait ce que j'aurais fait si vous ne me l'aviez pas enlevé.

– Alors, je ne comprends pas pourquoi vous l'aviez poursuivi.

– Ce n'est pas lui que je poursuivais, c'est vous. Vous êtes la femme idéale pour moi: courageuse, gentille, douée et belle.

– Ah bon, a dit Petronella d'un air songeur, alors, qu'est-ce que je fais pour vous libérer?

– Il faut m'embrasser.

Petronella l'a embrassé et la bague a disparu pour réapparaître à son doigt à elle.

– Je n'ai aucune idée de la réaction de mes parents quand j'arriverai chez moi avec vous au lieu d'un prince, a-t-elle dit.

– Et si on y allait voir? a répondu gaiement l'enchanteur. L'enchanteur est monté sur le cheval du prince, la princesse est remontée sur le sien, et ensemble ils sont partis, laissant le prince Ferdinand se débrouiller tout seul et rentrer à pied.

FAITS DIVERS

12 — Le Provençal — Lundi 10 août 1987

Mallemort

Agriculteur le jour cambrioleur la nuit

Docteur Jekill et Mister Hyde version campagnarde! Paisible exploitant agricole, le jour, sur une propriété de quatre hectares, à Mallemort, près de salon de Provençe, José Barchenal se transformait, la nuit, en un redoutable cambrioleur et receleur.

Cet homme de 35 ans est même fortement soupçonné d'être l'un de ceux qui n'ont pas hésité à tirer sur les gendarmes qui tentaient de les interpeller, l'autre nuit, après un nouveau cambriolage. Que l'arme n'ait pas fonctionné ne change rien à l'affaire.

Pour José Barchénal qui devait sévir depuis de nombreux mois, tout a basculé dans la nuit de jeudi à vendredi. Peu après minuit, les gendarmes de Mallemort recoivent un appel téléphonique leur signalant un cambriolage dans une villa située quartier des Alpilles. Les militaires qui savent pertinemment que de nombreux casses nocturnes se produisent régulièrement dans le secteur sautent évidemment sur l'occasion. Et foncent...

La voiture embourbée

A leur arrivée, la villa est vide. Mais ils entendent un bruit de moteur dans un champ voisin. Ils se précipitent et font les premières sommations. Pour toute réponse, ils entendent distinctement le déclic d'une arme puis des pas qui s'éloignent en courant en abandonnant sur place une' voiture.

Une voiture qui n'est pas signalée volée avec les clés de contact!

Et c'est justement celle de l'agriculteur mallemortais. A l'intérieur du véhicule embourbé, le butin du cambriolage, en l'occurrence des vêtements, matériel hi-fi etc.

Inutile de préciser que les gendarmes se rendent aussitôt au domicile de Barchenal. Et vers 4 heures du matin, l'interpellent alors que l'agriculteur regagne tranquillement sa maison.

Une caverne d'Ali Baba

Et dans la remise, les enquêteurs trouveront un stock très important d'objets volés. En particulier de très nombreux accessoires auto (jantes, sièges-baquets, calandres, etc) ainsi qu'un pistolet de calibre 7, 65 avec une balle engagée dans le canon.

Placé en garde à vue, Barchénal ne pourra que reconnaître être un "gros" receleur. Quant à sa propre voiture retrouvée, il persistera à dire qu'elle lui a été volée, la nuit des faits, alors qu'il jouait aux boules à Lauris et nie, donc, être l'un de ceux qui ont commis le cambriolage de la villa des Alpilles. Et ce drôle d'agriculteur taira le nom de ceux qui l'approvisionnaient en marchandises volées.

Il a été évidemment été déféré au Parquet avant d'être écroué à la prison d'Avignon sous l'inculpation de vol criminel, recel, et détention d'arme de 4 ème catégorie.

Christian RODAT

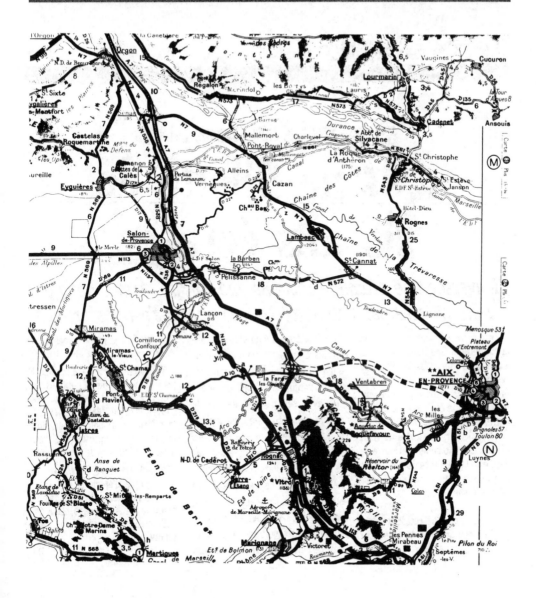

FAITS DIVERS

Délit de fuite, avenue Salengro

Une fillette de six ans écrasée

Renversée une première fois par une voiture, Armel Bendjoub a été heurtée par une autre voiture qui ne s'est pas arrêtée

Encore un tragique accident de la circulation! Une fillette de 6 ans a été tuée, hier, sous les yeux de ses parents. Armel Bendjoub, une première fois heurtée par une voiture, a ensuite été projetée sur un autre véhicule dont le conducteur ne s'est pas arrêté... Ce drame vient ajouter une nouvelle victime à la déjà trop longue liste de personnes mortes sur la chaussée, dans notre ville, à la suite d'accidents.

Ce dramatique accident s'est produit, peu après midi, à hauteur du 232, avenue Roger Salengro dans le 3 ème arrondissement. Selon les premiers éléments de l'enquête des policiers de permanence, Armel venait de quitter son domicile avec ses parents lorsque le drame a eu lieu. Elle s'est légèrement avancée sur la chaussée. Au même moment, survient une voiture qui circule vers Saint Antoine. Le conducteur ne peut rien faire pour éviter le choc et la fillette, heurtée de plein fouet, est projetée sur une autre voiture. Le conducteur de cette dernière ne s'arrêtera pas, lui. Et malgré les recherches entreprises, il n'a pas été retrouvé!

Très vite, l'alerte a été donnée. Et les marins-pompiers, pendant plus d'une heure, ont tout tenté pour sauver Armel. Malheureusement, la fillette devait succomber alors même qu'on s'apprêtait à la transférer vers l'hôpital de permanence.

Armel Bendjoub était la fille d'un couple d'épiciers, trés connu dans le quartier, dont le magasin se trouve avenue Salengro, où la nouvelle du drame a causé une grande émotion.

B.C.

Where Can Storytelling Take Us?

Finding Audiences

Storytelling needs a sympathetic audience to succeed. You are not limited to the natural audience provided by the class in which the story is being told: **audiences can be created**, e.g.:

- Where two or more classes share a slot in the timetable, each can prepare a story to tell the other(s), in pairs/groups:

  Class A prepares one story, Class B prepares another.

  Classes A and B are mixed together: in pairs/groups, A students tell their story to B students; B students tell their story to A students.

  Each student takes notes of the story s/he hears. Back in their original class groupings, students attempt to reconstruct the story they have heard.

- An older group could prepare a story for a younger group. This might involve the creation of specially designed visual aids to help the younger students to understand. The class would also need help in restricting their language use to what the younger students would know.

- Groups could prepare wall displays for, say, parents' evenings, with students prepared to tell the story — perhaps as a team — to the parents.

- Groups could prepare a video camera recording of a play/mime of the story or of a complete storytelling for their own class or other classes, PTA meetings, etc.

- Where the school has an exchange link with a French school, the schools could exchange video/audio tapes of students telling stories. English speakers could offer the stories learned in French as well as their own stories in English. The French speakers would do likewise.

Information Technology

Teachers may find it profitable to build in some of the programs suggested below into the process of their own teaching. They will probably have already discovered how valuable such programs as **Fun With Texts** are in requiring students to think about language.

Authoring programs which allow the user/teacher to write in text which the student can manipulate in a variety of ways are likely to be the most useful among the software available e.g.:

- **Fun With Texts** (Camsoft, PC and Acorn versions) offer various activities including line scrambling, text disclosure, gap and cloze procedures and prediction.
- **Storyboard** (Wida software, PC and AppleMac versions) offer text disclosure and longer passages than Fun with texts.
- **Gapkit** (Camsoft, PC). Similar to gapped text in Clozewrite (Fun With Texts). Sound and pictures can now be incorporated.
- **Thinksheet** (Fisher-Marriott, PC and ACORN). Branching authoring program allowing input of list of words/phrases/sentences which can be linked to other lists.

Wordprocessing

Many gapping and brainstorming ideas can be used on a wordprocessor. The suggestions for changing the *Goldilocks* story (p. 13 *et seq.*) can be adapted for wordprocessor use, with beginnings, middles or ends of the outlines being stored for the students to fill in the missing parts.

CD ROMs with interactive storybooks for 'maternal' language learners (e.g. *Living Books* series: '*Grandma and Me*' and '*The Tortoise and the Hare*') are now available in French. These are useful for more advanced students.

Multimedia presentation software (Hyperstudio, TAG developments Ltd, etc.) allows students to blend text, visuals and sound into a presentation. See National Educational Multimedia Awards (NEMA) 1995/6 for examples in French and Welsh.

Creative Writing/Telling

A most important aspect of learning to tell stories is for the students to learn to adapt stories to their own purposes and to tell stories of their own in their own way. Students should be encouraged to develop:

- **Alternative versions of the stories**. For example, in *La soupe au caillou* they might change the time, the setting, the characters and the object used to make the soup (one traditional variant is called *Axe soup*)

- **Alternative styles for the stories**. For example, *L'évasion* might be reconstructed as a series of conversations between the participants mentioned and any observers present at the time. Work on *L'église de Bournazel* might include a letter of complaint to the local press about the sexton's drinking habits.

- **Other** stories might be recreated as cartoons with speech bubbles, sketches, dialogues, poems, etc.

Alternative Media for the Stories: Audio/Video Taperecordings

Students' own stories. For help with modifying known stories see '**Changing and Making Stories**' (p. 13 *et seq.*).

Chaingang stories

In this modification of the technique used in Levels 1 & 2 students are asked to continue a story begun by the teacher, each uttering one sentence to carry on the narrative. As the students become more proficient, they can produce longer utterances before being interrupted. You might perhaps begin:

> '*Hier soir je suis arrivé chez moi vers 6 heures du soir et, en sortant de la voiture, j'ai remarqué que la porte d'entrée de la maison était ouverte ...*'

Students can be asked to add one sentence at a time, going round the class, or volunteers can called on. You can allow the sentences to flow without interruption or can decide to direct the students into **narrative** ('*Qui peut continuer l'histoire?*') or **description** ('*Qui peut décrire*' — referring to a person, object, place, etc.)

Sources and Further Reading

The stories have been adapted from the following sources:

Print

A deux doigts de.
   The Mexican Pet. Jan Harold Brunvard. Penguin Books, 1986.

Le bras poilu.
   Urban Myths. P. Healey and R. Glanville. Virgin Books, 1992.

Les mains blanches and *L'église de Bournazel.*
   Si mon pais m'était conté – Pays d'Oc. Jean-Pierre Alaux, 1980.

Le cercueil sur le car
   Contes populaires de l'Ardêche. Sylvette-Beraud-Williams. Editions Curera, 1983.

Le tailleur.
   The Tailor and the Button, told by Duncan Williamson. Printed in *By Word of Mouth – Adult Literacy and Basic Skills Unit.* Channel 4, 1989.

Petronella.
   The Practical Princess and Other Liberated Fairy Tales. Jay Williams. Scholastic Publications Ltd, 1983.

L'autostoppeur fantôme
   Légendes urbaines. Véronique Campion-Vincent and Jean-Bruno Renard. Documents Payot, 1990.

Agriculteur le jour, cambrioleur la nuit and *Fillette écrasée.*
   Le Provençal, 10 August 1987.

Radio Broadcast

Evasion
   Car radio. Paris, 1980s.

Cassette

L'oranger magique.
  Contes d'Haïti. Mimi Barthélémy. Production:Vif argent. Distribution:Adès.

Compact Disk

Le cochon de lait.
  Randonnée traditionelle adaptée par Jean-Louis Le Craver.

La soupe au caillou.
  Conte de tradition orale d'Europe Centrale adapté par Michel Hindenoch.

Ici 1, Ici 2.
  Bruno de la Salle. Festival de conteurs, Centre culturel de Chevilly-Larue, 1990.

Further Reading

Are You Sitting Comfortably?
  Telling Stories to Young Language Learners. D. Tierney and P. Dobson. Young
  Pathfinder 3, CILT, 1995.

Storytelling With Children.
  Resource Books for Teachers. Andrew Wright. Oxford English, 1995.

Jeu, langage et créativité.
  By J.M. Caré et F Debyser. Hachette/Larousse, 1978 (BELC).

Appendix

The stories and activities presented in *Cric Crac!* are valuable in their own right to teachers looking for ways of introducing narrative into their classrooms, but they are also valuable to UK teachers in that they provide opportunities to satisfy the requirements of the National Curriculum.

The OFSTED report on Key Stages 3&4 and Post 16 for 1994-5, expresses as a **main finding** that '… (pupils) lack the confidence to speak at greater length or take the initiative in speaking … Standards in reading and writing are frequently lower, reflecting limited tasks in a narrow range of topics'.

And: 'There is often insufficient progress from Key Stage 3 to Key Stage 4. For many pupils the range of experiences and activities is not significantly extended nor the level of demand raised in Key Stage 4'.

The report lists among the **key issues for schools**: 'Pupils need to have more opportunities to take the initiative in speaking, to speak at greater length, to undertake extended reading, and to vary language according to context, audience or purpose'.

Printed below is an edited version of the National Curriculum for modern languages, highlighting those requirements where *Cric Crac!* has a part to play:

Key Stages 3 and 4 Programmes of Study: Part 1: Learning and Using the Target Language

Pupils should be given opportunities to take part in activities in the target language that, where appropriate, combine two or more of the four language skills: listening, speaking, reading and writing. When a spoken or written response is expected, it should be in the target language, except where a response in another language is necessary, e.g. when interpreting.

Communicating in the target language. Pupils should be given opportunities to:

- communicate with each other in pairs and in groups, and with their teacher;
- use language for real purposes, as well as to practise skills;
- develop their understanding and skills through a range of language activities, e.g. games, role-play, surveys and other investigations;

127

- take part in imaginative and creative activities e.g. improvised drama;
- listen, read or view for personal interest and enjoyment, as well as for information;
- listen and respond to different types of spoken language;
- read handwritten and printed text of different types and of varying lengths and, where appropriate, read aloud;
- produce a variety of types of writing.

Language skills. Pupils should be taught to:

- listen attentively, and listen for gist and detail;
- follow instructions and directions;
- ask about meanings, seek clarification or repetition;
- ask and answer questions, and give instructions;
- ask for and give information and explanations;
- imitate pronunciation and intonation patterns;
- describe and discuss present, past and future events;
- skim and scan texts, including databases, where appropriate, for information;
- copy words, phrases and sentences;
- make notes from what they hear or read;
- summarise and report the main points of spoken or written texts;
- redraft their writing to improve its accuracy and presentation e.g. by word-processing;
- vary language to suit context, audience and purpose.

Language-learning skills and knowledge of language. Pupils should be taught to:

- learn by heart phrases and short extracts e.g. rhymes, poems, songs, jokes, tongue-twisters;
- acquire strategies for committing familiar language to memory;
- develop their independence in language learning and use;
- use dictionaries and reference materials;
- use context and other clues to interpret meaning;
- understand and apply patterns, rules and exceptions in language forms and structures;
- use their knowledge to experiment with language;
- understand and use formal and informal language;
- develop strategies for dealing with the unpredictable.

Cultural awareness. Pupils should be given opportunities to:

- work with authentic materials, including newspapers, magazines, books, films, radio and television, from the countries or communities of the target language.